장애인취업의 결정요인

장애인취업의 결정요인

전 리 상 著

한국학술정보㈜

머리말

최근 복지사회를 지향하는 사회에서는 장애인복지의 개선을 우선적으로 추진하고 있다. 이와 더불어 장애인에 대한 시각도 점차 바뀌어 가고 있다. 장애인을 '한 사람의 장애를 가진 사람'으로 보는 것이 아니라 '사회에서 불편함으로 느끼는 어떤 무엇인가를 가진 사람' 또는 '다른 재능을 가진 사람'으로 보게 된 것이다. 따라서 장애인도 우리 사회의 한 구성원으로서 비장애인과 똑같이 더불어 공동으로 살아가는 동반자라는 인식이 널리 확산되고 있다. 이에 비추어 보면 장애인도 비장애인들처럼 독립적인 사회생활을 할 수 있도록 사회를 가꾸어 나가야 하는 것이 당면과제라 할 수 있다.

장애인의 독립생활이란 장애인들이 자신의 삶을 스스로 선택하고 조정하는 자유를 갖는 것을 말한다. 장애인이 이런 독립생활을 하기 위해서 국가는 장애인들이 그들의 능력을 가지고 사회생활을 할 수 있는 환경과 분위기를 갖추어 주어야 한다. 이와 더불어 그 장애인들이 그런 생활을 누릴 수 있도록 능력을 갖추어 주어야 한다. 이러한 능력을 갖추어 주는 방법 중에 하나가 직업재활과 취업이라 할 수 있다. 이처럼 장애인의 직업재활과 취업을 위해서 정부는 여러 정책적인 방안을 강구하여야 한다.

이러한 문제의식을 가지고 연구하기 시작하였다. 그러나 장애인의 취업과 재활에는 개인적 요인, 장애요인, 사회적 요인, 인적 자본요인,

사회적 자본요인, 노동시장요인 등의 여러 가지 요건이 혼합되어서 영향을 미친다고 할 수 있다. 이처럼 장애인의 취업에는 폭넓은 요인들이 영향을 미칠 수 있다. 이러한 연구를 하기에는 너무 폭넓기도 하고 저 자신에게 있어서 능력의 한계를 느꼈다. 따라서 본 저서는 이러한 요인들 중 사회자본이나 사회적 요인들을 제외한 요인들에 관해 개괄적으로 연구하였다. 그 결과에 대해서는 여러 반론이나 한계가 있을 수 있으므로 귀하의 고귀한 의견을 기다린다. 그러나 이 책을 보는 사람들이 장애인의 취업과 직업에 대한 조그마한 보탬이 될까 해서 이 책의 출판을 허락하게 되었다.

끝으로 저의 미진한 연구결과를 책으로 출판하도록 도와준 한국학술정보(주) 채종준 사장님과 이일로 선생님에게 감사의 마음을 전하고자 한다. 앞으로 저는 우리나라 장애인복지 발전을 위해 미력하나마 최선을 다할 것을 다짐하면서 여러분의 무궁한 발전을 기원한다.

2006년 1월

전리상

목 차

표 목차

그림목차

제1장 서 론

제1절 연구의 목적

오늘날 장애인문제는 중요한 사회문제의 하나이다. 따라서 장애인복지의 문제도 또한 중요하다고 할 수 있다. 흔히 장애인복지는 복지사회의 척도라고 한다. 이것은 장애인복지의 수준이 어느 정도인가를 알면 그 사회의 복지수준을 알 수 있기 때문이다. 이처럼 장애인복지는 한 사회의 복지수준을 반영하며, 장애인복지의 문제는 사회복지에서 중요한 위치를 점하고 있다.

이러한 장애인문제는 장애인에 대한 인권, 교육, 의료, 취업과 생활여건의 정비의 복합적인 문제이다. 이 문제는 사회 전체의 장애인문제에 대한 포괄적이고 종합적인 시각과 정책수단의 개발을 통해서만이 효과적으로 해결될 수 있다. 특히 장애인복지에서 정책목표로 강조되고 있는 장애인취업의 문제는 무엇보다 정책적인 중요성을 지닌다고 할 수 있다.

장애인취업의 중요성은 몇 가지 측면에서 찾아볼 수 있다. 첫째, 장애인개인의 차원에서 취업은 빈곤극복을 위한 생계유지 수단이면서 개인의 창조적 능력발휘기회와 자아발전수단의 확보라는 측면에서 중요성을 띤다. 둘째, 사회적 차원에서 장애인의 취업은 비장애인과 장애인이 더불어 사는 즐거움의 실천행위이기도 하면서 사회통합의 중요한 수단이라는 측면에서 중요하다. 셋째, 국가적 차원에서 장애인의 취업은 장애인들에 대한 부정적 사회관을 극복하고 이들 인적자원을 생산활동에 투입함으로써 국가 경제활동의 규모가 보다 확대될 수 있다는 측면에서 그 중요성을 갖는다. 이처럼 장애인복지문제는 기본적으로는 취업과 노동문제에 있고, 취업을 통한 자립은 사회 연대의식의 실현이며 '함께 사는 사회'의 구현이라 할 수 있다.

이러한 장애인취업의 중요성을 고려하여, 정부는 1990년에 장애인들의 인권보장과 사회통합을 위해 '장애인고용촉진 등에 관한 법률'을 제정하여 시행해오고 있다. 이 법의 시행으로 장애인취업자 수가 증가하고는 있으나 장애인의 취업은 기대했던 만큼의 커다란 성과를 거두고 있지 못하고 있는 실정이다. 또한 아직도 낮은 취업률로 장애인들이 저소득층과 영세민으로 잔류하거나 이들 계층으로 전락하는 경우가 많이 발생하고 있다(한국장애인복지정책연구회, 1994:111).

이러한 제도가 추구하고 있는 본래의 성과를 거둘 수 있도록 하기 위해서는 장기적인 장애인 인력의 활용계획과 장애인들의 실질적인 욕구파악하에서 제반 장애인고용 프로그램을 계획하고 실행할 필요가 있다. 또한, 이 과정에서 장애인들에게 있어서 실제로 어떤 요인이 취업에 영향을 미치고 있는지를 선행적으로 파악해야 한다. 이를 위해서는 장애인들의 취업결정요인이 무엇인가에 대한 체계적인 연구가 필수적이다.

따라서 본 연구의 가장 주된 관심은 장애인취업에 관한 이론적 관점에서 한국의 장애인 취업결정요인을 고찰하는 데 있다. 그러므로 본 연구는 개인적 속성으로서의 인적 자본과 사회경제적 환경으로서 노동시장 특성에 따라 장애인의 취업여부가 달라질 수 있다는 전제하에 다음과 같은 목적을 갖는다.

첫째, 장애인취업에 영향을 미치는 요인으로서 어떠한 것들이 있는지 그리고 이들 요인들과 장애인취업과의 어떠한 관계에 있는지를 파악하고자 한다.

둘째, 더 나아가 장애인의 취업결정요인이 취업에 어떠한 영향을 미치는지를 파악함으로써 장애인 취업결정요인론에 기여하고자 한다. 나아가 이들 요인 중 어떤 변수가 장애인취업에 있어서 더 중요성을 갖는지를 규명하고자 한다.

이러한 작업은 장애인의 취업결정요인이 무엇인지를 여러 선행연구를 통해 이론적으로 정리한 다음, 이 이론에 근거하여 장애인들이 취업하는 데 있어서 어떤 요인들이 상대적으로 중요한 영향을 미치고 있는가를 경험적으로 밝혀 보고자 한다. 이와 같은 연구결과는 정부의 입장에서는 장애인취업제도의 효율성을 높이는 방법을 모색하는 데 도움을 주고, 동시에 장애인들이 취업을 할 수 있도록 도움을 줄 것이다.

제2절 연구의 대상 및 범위

장애인의 취업문제는 개인적 측면에서는 소득활동이며, 사회적 측면에서는 사회통합의 한 수단으로써 중요하다. 이러한 장애인의 취업의 문제는 바로 인적 자본의 수준과 사회적 환경여건에 따라 영향을 받아 취업여부가 결정된다고 전제하였다. 그러므로 이러한 전제하에서 장애인의 인적 자본과 노동시장여건의 취업과의 관계를 분석하려고 한다.

따라서 본 연구의 범위는 장애인개인이 갖고 있는 개인적 속성으로서 취업에 영향을 미칠 수 있는 인적 자본과 환경적인 속성으로서 장애인들이 취업하는 데 영향을 미칠 수 있는 노동시장의 특성으로 한정한다. 이를 위하여 본 변수는 취업결정요인에 관한 이론들을 검토한 후 각각의 독립변수와 종속변수를 도출하여 분석모형을 설정한다. 독립변수로는 장애인의 인적 자본에 관한 변수들과 노동시장에 관한 변수들을 선정하게 되고, 종속변수는 장애인의 취업여부가 선정된다. 이러한 변수들을 개별적 방법과 종합적 방법으로 분석할 수 있는 분석모형과 가설을 설정함으로써 실증적 조사 및 분석의 기초로 삼고 있다.

이 책에서는 장애인들 중 특히 취업을 원하는 장애인을 대상으로 그들의 인적 자본과 취업과의 관계, 그들의 노동시장환경과 취업과의 관계를 분석한다. 따라서 이 책에서의 실증적 연구대상은 전체 장애인을 대상으로 하되 국내에 거주하는 장애인에 한정한다. 이 장애인은 2001년 현재 장애인복지법에 의거하여 장애를 갖고 있으면서 정부가 지정한 의료기관에서 장애유형과 등급을 판정 받아 정부기관에 등록한 전국 각지에 거주하는 모든 장애인들로 한다. 그 이유는 한 지역만의 장애인들만 대상으로 할 경우 우리나라 장애인전체에 대한 보편적 이론이나 정책을 도출하는 데 어려움이 있기 때문이다. 또한 본 연구가 취업결정요인에 관한 것이므로 전국의 모든 장애인 중 조사당시에 취업연령이라 할 수 있는 경제활동연령에 있으면서 취업을 원하는 장애인을 대상으로 한다. 그러나 전국의 장애인 전수(全數)를 연구대상으로 하는 것은 시간, 인력, 비용의 제한으로 인해 표본추출을 통한 조사를 한다.

이 책의 각 장별 구성내용과 범위는 다음과 같다.

제2장에서는 장애와 장애인에 대한 개념정의, 장애인취업에 대한 관점변화와 제도화를 살펴보고, 국내외 문헌연구를 통하여 장애인취업에 관한 이론적 고찰을 한다. 또한 앞에서 고찰한 이론을 종합하여 비교·평가해 본다.

제3장에서는 연구설계로서 연구모형을 설정하고, 이 연구모형에 따라 연구가설의 설정, 각 변수의 조작화와 측정에 관해 서술한다. 실증적 연구에 있어서 변수의 조작적 정의, 설문지의 구성과 내용, 설문방법 등을 기술한다.

제4장에서는 실증연구를 통한 자료 분석을 한다. 자료 분석에서는 표본의 신뢰도와 타당도의 측정도구 분석과 표본의 기술적 분석, 집단 간 차이 분석, 일반 사회경제적인 분석 등을 한다. 그리고 앞에서 설정한 연구가설을 분석하고, 이 가설의 검증을 토대로 이의 시사점과 장애인취업을 위한 과제를 찾아본다.

제5장에서는 연구결과를 요약한 후 연구의 한계점과 시사점을 제시하고 향후 연구과제에 관해 기술한다.

제3절 연구의 방법

앞에서 언급한 본 연구의 목적을 달성하기 위하여 각종 문헌연구와 이를 토대로 실증적 연구를 병행한다. 이론적 구성에 관한 논의는 본 질적으로 문헌조사 연구에 근거하며, 실증적 분석은 설문조사를 통하여 이를 분석한다.

실증적 분석을 위한 조사는 설문지조사방법으로 하되 전수조사가 아닌 표본조사를 이용한다. 본 조사를 하기 전에 2001년 9월 15일과 21일 사이에 광주·전남지역에 거주하는 50명의 장애인을 대상으로 1차 사전조사를 실시하였다. 그리고 실제조사는 2001년 11월 1일에서 2001년 12월 1일까지 실시하였다. 조사방법은 자기기입식 설문조사를 실시한다. 그리고 설문지의 배부 및 작성은 해당 장애인에 대한 직접 면접, 우편설문, 장애인관련기관과 단체에 대한 의뢰를 통해 배부 및 작성토록 하였다. 설문지의 회수는 직접 회수와 우편회수의 방법을 사용한다.

마지막으로 수집된 자료는 다음과 같은 분석기법들을 활용하여 분석한다. 우선 연구변수에 대한 측정도구가 얼마나 정밀한가라는 신뢰도분석(reliability analysis)과 타당도분석(validity analysis)을 실시하였다. 또한 각 변수의 단순한 통계치를 나타낼 수 있는 빈도분석(frequency analysis), 변수 간 관계를 분석할 수 있는 상관관계분석(co-relation analysis), 표본들의 일반적 특성별 자료의 빈도를 알아 볼 수 있는 교차분석(cross tabulation), 두 표본 이상의 평균치에 대한 차이를 검증하는 분산분석(ANOVA), 각 변수가 어떤 영향을 미치는지를 알아 볼 수 있는 판별분석(discriminant analysis) 등을 실시한다. 이와 같은 자료 분석을 위한 통계프로그램으로는 SPSSWIN을 이용한다.

제2장 장애인 취업결정요인에 관한 이론적 고찰

제1절 장애인취업에 관한 관점변화와 제도화

1. 장애인의 정의

1) 장애의 정의

장애관련 분야의 연구에서는 장애라는 용어사용상의 혼란이 많다. 특히 장애의 개념과 관련한 용어사용상의 혼란은 사회적 및 문화적 다양성에 따른 국가 간의 차이뿐만 아니라 학자, 행정가, 법률가 및 장애인 옹호자 등 장애인관련 분야에서 일하는 사람들 간에도 상당한 차이에 기인한다(박옥희, 1998:9; Berkowitz and Hill, 1989:4).

본 연구에서는 장애인에 대한 기본적 인식에서 장애를 의학적·심리적으로 볼 수 있는 기능장애와 사회생활 곤란 장애의 양면을 중시하여 장애의 개념을 살펴본다.

(1) 손상장애와 기능장애

장애의 개념정의로서 가장 많이 인용되는 개념은 세계보건기구(WHO)의 정의와 Nagi의 정의[1]이다. WHO의 국제장애분류(ICIDH:

International Classification of Impairment, Disability, and Handicap)
에서 장애를 손상(impairment), 능력장애(disability), 사회적 불리
(handicap)의 세 가지 차원으로 구분·설명하고 있다(WHO, 1980:27-
33). 또 Nagi는 장애를 병리(active pathology), 손상(impairment), 기능
제한(functional limitation), 장애(disabled)로 구분하였다. Nagi는 장애를
"개인이 어느 정도의 생리학적, 해부학적, 또는 정신적 손실이나 비정상
등의 손상으로 인해 행위와 활동을 하는 데 있어서의 제한"(Berkowitz
and Hill, 1986:4-7; Nagi, Howards and Brehm, 1980:32-34)이라고 정의
하였다.

이 같은 통상적인 개념으로서의 장애에는 두 가지 측면을 포함하고
있다(이경미, 1993:14-12). 하나는 신체적, 정신적 손상에 근거한 장애
에 대한 정의이다. 즉, 신체의 발달, 마비, 기형뿐 아니라 심리학적 손
상, 지적 손상 등도 손상에 근거한 장애 개념 안에 포함될 수 있다.
다른 하나는 기능의 측면에서 장애를 정의하는 것이다.

그러나 손상 정도, 기능 정도 등으로 기술되는 장애의 정의는 장애
인을 분류하는 것을 용이하게 해줄 수는 있으나, 그것이 사회적 장애
의 분류와 연결되는 것은 아니다. 이러한 의학적인 측면에 국한된 정
의가 어떻게 사회적인 측면으로 전환되는가를 살펴보아야 장애인의
문제를 정확하게 정의할 수 있게 된다.

---

1) Nagi(1969)의 정의는 장애에 대한 규정을 필요로 하는 연구에서
   많이 인용되고 있다. 예를 들어, Berkowitz and Hill(1986),
   Doyle(1995), LaPlante(1991), Baldwin & Johnson(1995), 이경
   미(1993) 등에서 인용되고 있다.

(2) 사회적 장애

흔히 접할 수 있는 각 법령이나 선언문의 장애인의 정의는 단지 손상으로 인한 장애와 기능·능력의 장애에 그치는 것이 아니라 그로 인해서 야기되는 일생생활, 사회생활의 제약까지를 포함하고 있다(이경미, 1993:14-21). 우리나라도 '장애인복지법'과 '장애인고용촉진 및 직업재활법'에서 같은 맥락에서 장애인을 정의하고 있다. 이것은 장애인에 있어 손상이나 기능제약만을 강조하는 것이 아니라 그러한 손상이나 기능제약이 어느 정도로 직업생활에 영향을 주는가를 강조한 것이 된다.

그러나 Saad Z. Nagi는 ICCDH의 개념을 비판하면서 새로운 분류 틀을 제시하였다. Nagi는 병리(active pathology), 손상장애(impairment), 기능장애(functional limitation), 장애(disability)의 네 단계로 나누어 설명한다(Nagi, Howards and Brehm, 1980:32-34). 이 분류 역시 ICIDH의 분류처럼 개인이 사회적으로 기대된 활동을 수행하는가의 문제가 단순히 개인의 특성뿐 아니라 사회적 물리적 환경의 맥락에 의존한다는 인식에 기초하고 있다. 그러나 사회적 불리는 외적, 사회적 환경과의 어떤 상호작용도 필요로 하지 않는 절대적인 제약으로 사용된다는 점을 비판하고, 보다 명확하게 사회적 환경의 역할을 정의하고 있다(Berkowitz and Hill, 1986:4-7).

장애는 사람에게서 타고나는 것만도 아니고 생물학적 요인에 의해서만 결정되는 것도 아니다. 장애는 사회적 맥락에서 신체적, 정신적 제한의 표현이다. 손상장애와 기능장애가 존재한다고 하더라도 사회적 측면에서의 장애는 발생하지 않거나 소멸될 수 있다는 것이다(Nagi, Howards and Brehm, 1980:32-34).

〈그림 2-1〉는 장애가 사회적 맥락 즉, 개인의 능력과 환경의 요구 사이의 격차에서 있다는 것을 보여준다. 한 사람에게 장애가 있는지를 결정하는 것은 신체적·정신적 제약과 사회적·환경적 요인의 상호작용의 결과라는 것이다.

〈그림 2-1〉 장애의 범위

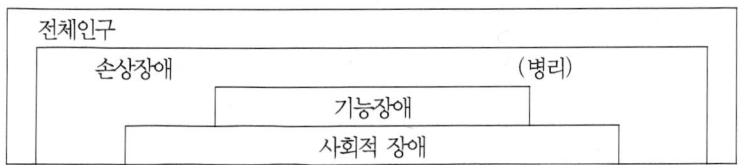

* 자료: Nagi(1969:81).

병리, 손상, 기능장애는 모두 유기체적 기능의 다른 수준과 관련된다. 그러나 장애는 유기체적 기능보다는 사회적인 것으로 간주된다. Nagi(1969:315)는 손상을 가진 사람이 노동을 할 수 있는가 하는 것은 자신의 손상의 성질과 심각성 그리고 이에 따른 기능제약에만 의존하는 것이 아니라 경제의 상태, 작업장의 특성, 운송수단의 이용가능성, 개인의 특별한 작업 기술과 훈련 등에 따라 결정되는 것이라고 하였다. 따라서 사회적 측면에서의 장애의 예방과 소멸은 장애인개인의 기능적 능력을 향상시킴으로써 가능할 뿐만 아니라 기능제약이 있는 사람의 취업기회를 제한하는 사회적 태도를 변화시킴으로써 가능해지기도 한다. 또한 손상과 기능제약이 반드시 장애로 이르는 것이 아니라는 또 하나의 이유는 손상을 가진 개인이 장애를 피할 수 있는 다른 기능적 능력으로 특정 기능장애를 극복할 수 있다. 장애는 개인적으로, 사회적으로, 문화적으로 기대된 역할을 개인이 수행하는 데 제한되는 신체적 정신적 건강조건에서 시작한다. 수행할 수 없는 활동을 부과한다면 그 제약은 전체적일 것이지만, 수행할 수 있는 활동의 종류나 양을 제한한다면 그 제약은 부분적인 것이 될 것이다(Nagi, 1969:316).

그러나 이러한 분류도 사회적 차원의 역동성을 충분히 고려한 것은 아니다. 이것은 단지 예방의 차원에 근거해서, 장애인개인은 자신의 자질을 향상시키고 사회는 장애를 수용가능한 상태가 되도록 환경을 변화시켜야 한다는 논의를 하고 있을 뿐이다. 따라서 현재 발생하고 있는 사회적 장애를 분석하는 데는 취약성을 드러낸다. 이 책에서는 앞의 논의들을 상당부분 받아들이지만 노동과 같은 사회적 성격이 중요한 역할을 하는 부분에서는 사회적 특성 자체가 장애를 강화시키는 모습을 나타내고 있음을 제기하고자 한다. 즉 손상장애와 능력장애가 일방적으로 취업제약을 가져온다는 일방향적인 인식 측면에서만 또는 손상장애와 기능장애가 편견을 야기하고 이것이 고용과 취업차별로 나타난다는 인식 측면에서만 이해하는 것이 아니라, 사회 환경에는 손상과 기능장애에 부과하는 제약이 존재한다는 측면에서 이해해야 한다.

이러한 것에 관한 것을 그림으로 나타내면 아래의 〈그림 2-2〉와 같이 나타낼 수 있다. 즉 모든 병리가 아니라 일부 병리는 손상을 가져오며, 그 손상이 기능장애를 가져오기도 한다는 것이다. 또한 손상이 바로 사회적 장애를 가져오기도 하고, 기능장애 중 일부가 사회적 장애를 가져오기도 한다. 그러나 이 기능장애가 사회적 장애를 가져오는 것은 환경적인 영향인 경우가 많다는 것을 의미한다.

〈그림 2-2〉 장애 개념의 개인적·사회적 차원

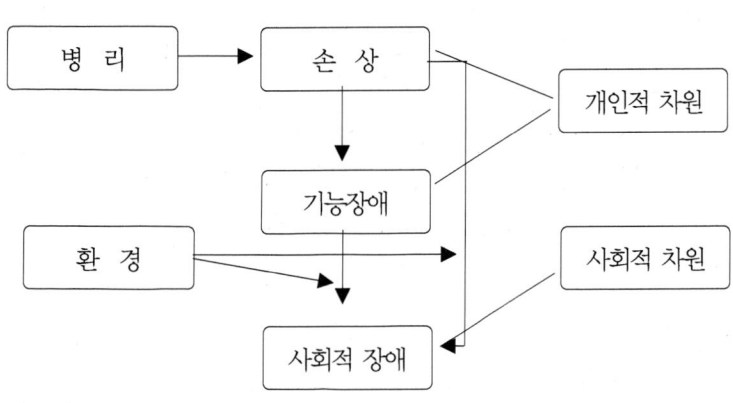

* 자료: 이곤수(2000:292).

그러므로 이 책에서는 장애인과 노동시장과의 상호적 관계에서 취업제약이 발생한다는 가정에서 출발하고자 한다. 즉, 장애인이 노동시장에서 요구하는 자질에 부합할 수 없기 때문에 취업제약이 발생하는 측면만이 아니라 노동시장에서 장애를 이유로 하는 차별화기제를 사용하고 있으므로 취업제약이 발생한다는 측면을 강조하는 것이 본 연구의 초점이다.

2) 한국의 장애인 정의

우리나라에서는 '장애인복지법'을 비롯하여 12개[2])의 장애인 관련 법률들이 각각의 목적에 따라 제정되어 있으며, 기타 다른 법률안에 장애인에 관한 조항이 포함되어 있다. 이들 각각의 법률에서 제시하고 있는 장애의 정의가 다르다. 대표적인 법률로서 '장애인복지법'과 '장애인고용촉진 및 직업재활법'이 정하는 장애인의 개념은 다음과 같다.

'장애인복지법' 제2조(장애인의 정의)에 의하면 "장애인은 신체적, 정신적 장애로 인하여 장기간에 걸쳐 일상생활 또는 사회생활에 상당한 제약을 받는 자"를 말한다. 또한 종전 지체장애, 시각장애, 청각장애, 언어장애, 정신지체 등으로 제한되었던 장애인의 범주가 정신적 장애를 포함하고 만성신장병, 심장병과 치매 등 내부질환자들도 장애인으로 분류하였다.

이러한 장애인의 정의는 매우 포괄적인 듯하지만 동법 시행령에서는 장애유형만을 구체적으로 명시함으로써 장애인의 범위가 제한적으로 되어 있다. 또한 장애인에 대한 정의를 의료적인 관점에서만 다루고 있다는 것이다. 그리고 동일한 장애유형에 속하는 대상 집단이라도 개인의 장애 정도, 장애의 지속기간, 일상생활의 제약을 받는 장애 혹은 실질적인 소득생활 참여가능성 및 참여여부에 따를 경제활동 능력

---

2) 장애인복지법(6등급), 특수교육진흥법(등급 없음), 장애인고용촉진 및 직업재활법(6등급), 자동차손해배상보장법(14등급), 산업재해보상보험법(14등급), 근로기준법(14등급), 국가배상법(14등급), 국민연금법(4등급), 공무원연금법(14등급), 국가유공자 예우 등에 관한 법률(6등급), 사립학교교원연금법(14등급), 군인연금법(폐질등급 3등급 및 기타) 등에서 장애인에 관한 언급이 있다.

장애 등의 점을 경시하고 있다는 것이다.

또한 '장애인고용촉진 및 직업재활법'(제2조)에서는 장애인을 "신체 또는 정신상의 장애로 인하여 장기간에 걸쳐 직업생활에 상당한 제약을 받는 자로서 대통령령이 정하는 기준에 해당하는 자"로 정의하고 있다. 그리고 그 시행령 2조에는 장애인의 직업재활 등 고용촉진 업무 수행에 필요하다고 인정할 때에는 직업생활에 제약을 받는 정도에 따라 당해 업무에 대하여 적용하는 장애인의 특성 및 등급을 노동부령을 따라 정할 수 있다고 규정하고 있다.

이처럼 장애인을 정의함에 있어서도 그들의 근로능력이나 직업 활동능력을 고려하기보다는 의료적 재활과 사회보장 및 사회복지서비스 차원의 장애 개념을 고용촉진대상자로 함께 이해함으로써 장애인고용과 취업의 효율성을 떨어뜨리고 있다.

3) 한국에서의 장애유형

장애인복지법의 적용을 받는 장애인은 신체적 장애(주요 외부 신체 기능의 장애, 내부기관의 장애 등)와 정신적 장애(정신지체 또는 정신적 질환으로 발생하는 장애)를 가진 자로서 대통령령이 정하는 장애의 종류와 기준에 해당하는 자를 말한다. 여기서 장애는 크게 신체적 장애와 정신적 장애로 나눌 수 있으며, 신체적 장애는 다시 외부 신체 기능장애와 내부기관의 장애로 나눌 수 있다.[3]

---

3) 장애유형은 장애 발생시기에 따라 선천적 원인장애와 후천적 원인장 애로 나눌 수 있다. 우리나라의 경우 선천적 원인으로 발생한 경우는 약 10% 정도이며, 후천적 원인으로 발생한 경우가 약 90%를 차지하

(1) 신체적 장애

외부 신체기능장애에는 지체장애, 뇌변병장애, 시각장애, 청각장애, 언어장애가 있다. 지체장애인이란 사지와 동체 중 일부나 전체에 장애가 있어 보장구를 활용하는 경우에도 이동이나 운동에서 불편함을 겪고 있는 사람들을 말한다. 지체장애인이란 절단장애인, 관절장애인, 지체기능장애인, 신체왜소와 변형 등으로 구분할 수 있다. 뇌변병장애인이라 함은 뇌성마비, 외상성 뇌손상, 뇌졸중 등 뇌의 기질적인 병변에 기인한 신체적 장애로 보행 또는 일상생활동작 등에 제한을 받는 사람을 말한다. 시각장애인이란 맹인과 약시/저시력인으로 대별되는데, 맹인은 보지 못하기 때문에 묵자 대신 점자를 배워 사용하고 있으며, 눈으로 보아야 할 것을 만져 보아야 하므로 묵자나 기타 시각자료에 어렵게 접근하고 있다. 약시/저시력인은 보기는 하지만 잘 보지 못하기 때문에 시각자료에 접근하기 어렵고 이와 관련 있는 생활에서 불편함을 겪고 있다. 청각장애인이란 청각의 이상으로 인해 말하기와 말읽기 교육을 받지만 말하기와 말읽기를 잘 할 수 없어서 의사소통에 주로 수화와 지문자를 사용하거나, 말하기와 말듣기를 할 수 있지만 이들도 말하기와 말듣기를 잘 하기 어렵기 때문에 언어생활에 불편함

고 있다. 최근에는 선천적인 장애발생은 감소하고 있지만 후천적인 장애가 갈수록 늘어나고 있는 추세이다. 2000년 장애인실태조사 결과 장애발생 원인의 89.4%를 차지한 후천적 원인의 경우는 질병과 사고 때문이었다(변용찬, 2001:124). 후천적 장애인 발생원인으로는 각종 질병, 교통사고, 산업재해, 가정내사고, 환경오염, 약물남용 등 인간이 살아가는 환경에 의한 것으로 나타나고 있다.

을 겪고 있는 사람을 말한다. 언어장애인이란 조음의 이상(말소리의 생략, 대치, 왜곡, 첨가), 음성의 이상(높이·크기·음질의 이상), 말더듬, 언어발달 지체, 또는 언어의 완전한 상실이나 부분적인 상실 때문에 언어생활에서 어려움을 겪고 있는 사람을 말한다.

내부기관의 장애에는 신장장애, 심장장애가 있다. 신장장애인인이란 신장의 기능 부전으로 인하여 혈액투석이나 복막투석을 지속적으로 받아야 하거나, 신장의 기능에 영속적인 장애가 있어 일상생활 활동에 현저한 제한을 받는 사람을 말한다. 심장장애인이란 심장의 기능 부전으로 인하여 일상생활 정도의 활동에도 호흡곤란 등의 장애가 있어 일상생활 활동에 현저한 제한을 받는 사람을 말한다.

(2) 정신적 장애

정신적 장애에는 정신지체장애, 정신장애, 발달장애가 있다. 정신지체장애인이란 정신발육이 항구적으로 지체되어 지적 능력의 발달이 불충분하거나 불완전하고 자신의 일을 처리하는 것과 사회생활에의 적응이 현저히 곤란한 사람을 말한다. 정신장애인이란 지속적인 정신분열증, 분열형 정동장애, 양극적 정동장애와 반복성 우울장애에 의한 기능·능력장애로 인하여 일상생활 혹은 사회생활을 영위하기 위한 기능수행에 현저한 제한을 받아 도움이 필요한 사람을 말한다. 발달장애인이란 소아기 자폐증, 비전형적 자폐증에 의한 기능·능력장애로 인하여 일상생활 혹은 사회생활을 영위하기 위한 기능수행에 제한을 받아 도움이 필요한 사람을 말한다.

2. 장애인취업에 대한 관점변화

장애인이 구빈과 자선의 대상이 되었던 것은 세계 공통의 현상이었다. 이러한 구빈과 자선의 대상으로 여겨졌던 사회의 인식을 변화시키기 위해서는 장애인이 노동을 통하여 자립할 수 있다는 것을 보여야 한다(길인배, 1996:63).

장애인에 대한 취업기회보장을 위한 국가적 시책은 주로 제1차대전 이후 다수의 전쟁부상자들을 대상으로 전개해 오다 일반 장애인에게까지 확대되었다(Bolderson, 1980:169-196). 이것은 Rawls와 같은 사회철학자의 사회정의론에서부터 출발하고 있다고 볼 수 있다.[4] Rawls의 정의(justice)를 사회적, 경제적으로 열악한 지위에 있는 사람에게 정상인보다 더 많은 관심과 지원을 보내주는 것이라고 하였다. Rawls의 이러한 사상이 오늘날 선진국이 공통적으로 추구하고 있는 복지이념과 일치하고 있으며, 최근 들어 장애인문제에 대한 정부의 개입을 정당화하는 도덕적 근거가 되고 있다(전영평·이곤수, 1999:11-14). 이러한 근거에 의해서 미국에서는 1902년에 "자선이 아닌 노동기회를" 이라는 구호하에 장애인들의 의류·생필품 수선업이 보스턴 지역에서 시작되었고, 영국에서는 1915년에 상이군인 결핵환자들이 자립할 수 있는 노동의 장소가 마련되었다(길인배, 1996:63). 우리나라에서도 최

---

4) Rawls는 "모든 사람은 전체 사회의 복지라는 명목으로도 유린될 수 없는 정의에 입각한 불가침성(inviolability)을 갖는다. 그러므로 정의는 타인들이 갖게 될 보다 큰 선을 위하여 소수의 자유를 뺏는 것이 정당화됨을 거부한다"고 하였다(Rawls, 1971; 황경식, 1985:.25-26).

근 들어 부분적으로 사회정의에 입각한 복지정책들이 나타나기 시작하였다.

우리나라에서도 장애인복지에 대한 관심은 서구에서와 마찬가지로 전쟁희생자에 대한 사회복지차원에서 다루어지기 시작했다. 건국 이후부터 6·25전쟁 전까지의 초기에는 공비토벌작전의 희생자를 원호할 목적으로 1950년 4월 14일 '군사원호법'이 제정 공포되었다. 그 내용은 형식적인 생계보조, 작업보호, 수용보호였다. 결국 상이군인에 대한 원호정책은 국가적 임무의 수행과정에서 개인에게 파생한 장애를 국가가 부담한다는 '국가배상의 논리'라는 형태로 장애에 대한 국가책임논리의 단초를 형성시키는 것에 그쳤다.

한국에서 장애인의 수가 급증하게 된 계기가 6·25 전쟁이었다. 그후 경제개발을 추진하는 과정에서 발생한 장애인들, 즉 산업재해를 당한 장애인들에 대한 조치가 1963년에 뒤따르게 되었다. 이 두 유형은 국가를 위하여 부상당했다는 공통점을 높이 인정해 같은 정도의 장애라도 발생원인에 따라 국가의 처우가 다르게 나타나는 선택주의적 색채를 강하게 갖고 있다(이성규, 200:103).

그러나 정부의 선택주의적 정책논리로 말미암아 전체 장애인의 장애 자체에서 도출되는 복지수요에 보편적으로 대응하지 못하였다. 이러한 선택주의적 정책논리에서 제외된 대다수의 장애인들은 가족과 친지들의 보호로 넘겨졌다. 다만 생활보호대상자에 속한 장애인들에게만 국가로부터 자립지원금을 받았던 것이다.

그러면서 장애인문제가 인권과 사회통합의 관점에서 조명되기 시작한 시기는 1970년대이다. UN은 1971년 "정신지체 장애인의 권리선언(the Declaration on the Rights of Mentally Retarded Persons)을, 1975년 제30차 총회에서 '장애인의 권리선언(the Declaration on the Rights of the Disabled Persons)'을 발표하였다. 1976년 제31차 총회에서는 1981년을 '세계 장애인의 해(International Year of Disabled Persons; IYDP)'로 정하자는 결의가 있었으며, '장애인에 관한 세계 행동계획(World Programme of Action Concerning Disabled Persons)'이 채택되었다. 또한 UN은 '세계 장애인의 해'의 주제를 '완전참여'로 정했으며, 세계의 모든 국가에 대해 장애인을 위한 사회복지사업을 증진시키기를 권고하였다(박옥희, 1998:34; 길인배, 1996:128; 이익섭, 1995:4-5).

그 후 국내에서의 장애인문제는 1980년대 들어와 국제사회의 장애인 권익옹호를 위한 압력과 이에 호응한 국내의 장애인 옹호자들의 노력으로 전체 장애인에 대한 폭넓은 관심을 받기 시작하였다. 이러한 흐름에 맞춰 우리나라에서도 '심신장애인복지법'(1981년 6월 5일)이 제정되었다. 이 법의 제정으로 장애인이 법률상 복지에 관한 권리의 주체로써 등장하게 되었으며, 또한 장애인복지를 발전시켜 나갈 기반이 되었다.

그 후 1984년 1월에 올림픽 유치가 확정되면서 장애인문제는 정부의 상당한 부담이 되기도 하였다. 장애인복지의 여러 관심 분야 중에서 장애인고용 분야에서도 정책적 대안이 마련되었다(김성재, 1997:13-26; 이성재, 1997:61-86; 전영평, 2000:697). 그리고 1987년 12월 대통령선거 당시에는 장애인의 취업문제가 후보들의 공약으로 채택되었다(길인배, 1996:128).

이와 더불어 함께 진행되었던 것은 민간에서의 사회운동이었다. 1987년 제5공화국이 막을 내리면서 사회 각 분야에서 진행된 민주화 과정 중 장애인청년단체들이 자생적으로, 그리고 대규모로 생겨나기 시작하면서 장애인복지문제가 본격적으로 제기되었다. 이 단체들은 운동내용에 있어서 기존 사회복지단체들의 장애인시설 수용원칙이나 서비스 중심의 장애인문제해결 방식에 근본적인 이의를 제기하였다(김정열, 1997:53). 김정열의 분석에 따르면, 사회운동으로서 장애인 운동을 장애인의 자주적 주도로 추진시킨 이 단체들은 장애인문제를 보는 시각, 그 해결방식 나아가 운동 목표에 있어서 기존 장애인복지단체들의 활동과 다른 양상을 보였다. 우선 장애인문제에 관한 시각에 있어서, 이들은 "장애발생 원인이 개인보다는 사회구조적 원인으로 발생하고 있으므로 사회가 전적으로 책임을 져야 한다"고 보았다. 나아가서 문제해결 방식에 있어서도 이들은 "(장애인문제는) 몇몇 명망가에 의해 해결될 성질의 것이 아니라 사회구조적인 문제임으로 국가책임이 전제되어야 한다"고 주장했다. 궁극적으로 장애인문제는 장애인들에 대한 복지혜택이 아니라 장애인의 인권보장을 통해 해결되어야 할 것으로 간주되었다(김정열, 1997:53). 따라서 장애인문제 해결의 일차적 방향은 전적으로 국가영역에 집중되었다.

현대에 이르러서는 대다수 장애인의 장애원인이 유전이나 개인적인 탓이 아니라 교통사고, 산업재해, 전쟁, 질환, 환경문제 등으로 인하여 야기되고 이들 장애인은 경제활동 가능연령인 자들이 대다수를 차지하고 있으므로 장애인취업문제는 중요하다고 할 수 있다. 즉 장애인의 취업문제는 장애인이 아닌 비장애인을 포함한 사회 전체의 문제로써 인식하고 결코 아무도 장애의 예외가 될 수 없다는 점이 새롭게 강조되어야 한다. 이와 같은 추세에 따라 1990년대에 들어와서는 장애인복지와 취업 문제를 정부와 장애인개인, 그리고 그 가족이 전적으로 담당해야 하는 것이 아니라 사회도 어느 정도 책임져야 할 중요한 의무(이준우, 1999:400)라는 관념이 대두되기 시작하였다. 즉 장애인복지와 고용의 문제를 정부와 장애인만이 책임지고 해결해 나가는 데는 한계가 있다는 것이다. 그러므로 사회 특히 지역사회가 그 일부분을 책임지고 정상화와 통합화를 이끌어 나가야 하는데, 지역사회가 장애인들을 위해서 할 수 있는 가장 중요한 역할은 이들이 생산적인 활동에 종사할 수 있도록 기회를 제공하는 데 있다(문석남, 1994:120).

따라서 장애인이 지역사회에서 일하는 기회를 얻어 비장애인과 함께 경제사회활동에 참여하여, 거기에서 보람을 발견할 수 있도록 각종 조치를 강구하는 것은 장애인복지를 진척시키기 위한 우선 과제이다. 특히 산업사회에서는 고용이 차지하는 비율이 높기 때문에 장애인의 특성에 따르는 적절한 취업의 기회를 확보하는 것이 대단히 중요하다.

3. 장애인취업의 제도화

역사적으로 고찰해 볼 때, 현대의 장애인고용 및 취업제도는 역사적 연계성을 가지고 변천해 온 것이 아니고, 성립 당시의 사회적 상황에 근거하고 있다는 것을 알 수 있다. 우리나라에서의 장애인복지와 취업 문제도 초기에는 서구 각국에서와 마찬가지로 전쟁희생자에 대한 사회복지차원에서 다루어지기 시작했다. 우리나라의 현대 장애인고용은 한국전쟁에 의해 발생한 전상장애인을 위한 고용이 최초로 성립되어 변천했으며, 그 후 장애인복지시설에서 수용장애인에 대한 보호수단으로 직업재활이 성립되어 보호고용 형태로 변천되었다. 한편 산업발달에 따른 산업재해로 증가되어가는 산재장애인을 위한 복지사업의 일환으로 직업재활이 성립되었다.

1) 초기부터 1950년대 말

초기 건국 이후부터 6·25전쟁 전까지의 장애인복지정책은 상이군경을 위한 것으로써, 1950년 4월 14일 법률 제127호로 '군사원호법'이 공비토벌작전의 희생자를 원호할 목적으로 제정·공포되었다. 그 내용은 형식적인 생계보조, 작업보호, 수용보호였으며, 시행기관은 지방장관이었다. 그 후 현대 한국에서 장애인의 수가 급증하게 된 계기가 6·25 전쟁이었다. 6·25전쟁 이후 1951년 4월 12일 법률 제187호로 경찰원호법이 제정되고, 1952년 9월에는 법률 제256호로 '전몰군경유족과상이군경연금법'이 제정되어 우리나라에서는 처음으로 연금지급제도가 실시되었다. 1956년 10월에는 '군사원호법'이 개정되어 고용명령에 관한 규정이 신설되고, 같은 날 '경찰원호법'도 개정되어 원호종류에 직업보호 등이 추가되었다(길인배, 1996:126). 그러나 전쟁수행의 책임을 지고 있었던 이승만 정권은 이른바 상이군인(傷痍軍人)으로 통칭되는 인위적인 장애인 집단에 대해 종전 후 재정상의 이유로 거의 10년 동안 아무런 책임 있는 조치를 취하지 않았다.

2) 1960년대

한국의 장애인 정책은 한국전쟁 후에 발생한 전상자들(의 가족)을 대상으로 하여 기본소득과 고용을 포함한 제도적 보장을 1961년에 마련하면서 가시화되었다(이성규, 2000:103). 이것은 5·16으로 군부세력이 집권하면서 비로소 그 인생경력상의 동지애를 배경으로 한국사의 비극적인 희생자들에 대해 국가적 차원에서 이른바 원호정책(援護政策)이 조직적으로 시행되었다(홍윤기, 1997a). 1961년 7월에는 '군사원호청설치법'을 제정하여 현 국가보훈처를 설치함으로써 국가원호업무를 통합 전담케 하고, '원호대상자직업재활법', '군사원호대상자고용법' 등 원호관계 13개 법률을 제정하여 시행함으로써 현대적 의미의 체계적인 원호제도가 정착되었다(안병집, 1987:61). 이 법이 제정됨으로써 군사원호청 및 5개 지청이 설립되고, 동시에 국가·지방자치단체, 국영기업체, 교육기관 등 1일 16명 이상을 고용할 수 있는 공·사기업체 또는 공·사단체에 대해 상이군경과 가족 및 유가족 고용을 제도화했는데, 공무원은 정원의 3%, 사립학교는 교원을 제외한 직원정원의 10%, 기타 업체 등은 전체 고용인원의 3~8%를 각각 의무적으로 고용하도록 제도화했다. 1962년 5월 12일에는 국가유공자 및 월남귀순자의 원호를 추가 관장하면서 '군사원호청'을 '원호처'로 개편함으로써 지청이 지방청으로, 출장소(25개소)가 지청(30개소)으로 확대 승격되어 원호사업이 활성화되었을 뿐만 아니라 종합원호원, 원호병원과 함께 '직업보도원'이 설립되었다. 1963년에 원호대상자 '직업재활법'이 제정·공포되면서, 직업보도원을 '직업재활원'으로 개칭함과 동시에 대전과 광주에 직업재활원이 설립되었다. 1969년 8월 20일에는 지방원호관서의 직제 개정으로 직업재활원 직제가 지방원호관서에 설치됨으로써, 우리나라에서 처음으로 상이군경 및 유가족을 위한 직업재활 전달체계가 원호처 산하에 성립되었다.

3) 1970년대

1970년대는 국제적으로 장애인문제가 인권과 사회통합의 관점에서 조명되기 시작한 시기였다. 이러한 국제적인 흐름에 영향을 받아 국내에서도 장애인의 문제에 보다 많은 관심을 갖기 시작하였다. 60년대 말과 1970년대 초에는 각 사회복지법인에서 직업재활에 관련된 과목을 설치하여 직업재활을 시작하였다. 대표적인 것으로 삼육재활원과 명휘원에서 실시한 직업재활이 있다. 이것은 보건복지부의 장애인 노동정책을 수행하기 위한 고용전달체계의 부분으로써 성립된 것이 아니라, 보건복지부의 장애인 수용보호정책에 의해 장애인 수용보호 수단으로 성립된 장애인 수용보호 전달체계에 속한다고 볼 수 있다. 그러나 이들 시설에서의 장애인 직업재활은 우리나라 장애인복지시설 중심의 고용전달체계를 태동시킨 선구자로서의 역사적 의미가 있다. 이후 1970년대 까지 우리나라는 70여 개의 장애인복지시설을 중심으로 산발적인 직업재활을 시설보호복지의 일환으로 관장해 왔다(직업재활재단, 1996:301-2). 그리고 1976년 12월 24일에는 직업재활원이 '국립 직업재활원'으로 개칭되었으나, 정년퇴직자가 증가함에 따라 점차로 감소현상을 나타내어 1981년 11월 2일에 국립 직업재활원이 폐지되기에 이르렀다(국가보훈처, 1987:10-13).

4) 1980년대

그 후 국내에서의 장애인문제는 1980년대 들어와 전체 장애인에 대한 폭넓은 관심을 받기 시작하였다. 이러한 흐름에 맞춰 우리나라에서도 '심신장애인복지법'(1981년 6월 5일)이 제정되었다. 이 법이 제정되기 전에는 장애인복지에 대하여 생활보호법, 산재보호법, 연금법, 특수교육진흥법 등에서 산발적이고 부분적인 장애인복지규정을 두고 있었다. 이 법의 제정으로 장애인이 법률상 복지에 관한 권리의 주체로서 등장하게 되었으며, 또한 장애인복지를 발전시켜 나갈 기반이 되었다. 또한 1981년 11월에는 보건복지부에 재활과(1994년 장애인복지과로 개칭)가 신설되면서 정책수립, 산하단체의 직업재활과정 운영을 위한 재원지원, 지도 감독 등의 업무를 담당하는 중앙행정기구로서 그 위치가 정립되었으며, 재활과를 중심으로 보건복지부 산하의 고용전달체계가 성립되었다.

그 후 1982년 4월 3일 '직업안정법'의 개정으로 장애인의 고용촉진을 위한 취업기회 확대 및 부당한 취업제한을 금지하는 조항이 신설되었다(길인배, 1996:128). 또한 국제적 흐름에 발맞춰 우리나라에서도 장애인에 대한 관심이 확산되기 시작하였으며(보건복지부, 1998:369), 장애인 대학생들을 위주로 한 소규모 인권운동도 일어나기 시작하였다. 이 운동에서 대학생들이 요구한 주요 골자는 장애인들의 우선취업권의 보장이었다(이성규, 2000:108). 이러한 분위기 속에서도 1985년 1월 1일에 원호처가 '국가보훈처'로 개칭되었으며, 그 산하의 고용 전달체계는 국립직업재활원이 폐지됨에 따라 자연적으로 국가기관, 국·공립학교, 사립학교를 대상으로 하는 할당제 일반고용전달체계로 한정되었다. 1986년에는 '국립재활원'을 개원하는 등 장애인복지가 다시 생성하기 시작했다. 장애인복지의 여러 관심 분야 중 장애인고용 분야에서도 정책적 대안이 마련되었다(김성재, 1997:13-26; 이성재, 1997:61-86; 전영평, 2000:697). 1987년 12월 대통령선거 당시에 장애인의 취업문제가 공약으로 채택되었다(길인배, 1996:128).

1988년 8월 장애인청년단체들과 기존 장애인복지단체들은 장애인의 인권보장과 사회구조적인 문제들을 해결하기 위하여 전국 조직인 '한국장애인총연맹'을 결성하였다. 이 전국 단체의 조직적 역량 전체가 투입된 가장 큰 사업이 "장애인문제 해결을 위한 실제적인 법제도 마련"이었다. 이 사업을 달성하기 위해 법인단체까지 총망라하는 '법안해결을 위한 공동대책위원회'를 결성하여 국회에 장애인 관련 입법을 하도록 영향력을 행사하였다. 따라서 장애인에 의한 장애인문제 해결의 일차적 방향은 전적으로 국가영역에 집중되었고, 이에 부응한 '장애인올림픽'의 개최와 대통령 직속의 '장애인복지대책위원회'의 설치 등의 조치가 취해졌다. 이런 움직임은 1989년 12월 '심신장애자복지법'

을 '장애인복지법'으로 개정하도록 하였다.

5) 1990년대 이후

1990년에 들어와서는 '장애인고용촉진 등에 관한 법률'이 제정됨으로써 큰 성과를 거두었다.[5] 그리고 1994년에 '특수교육진흥법'을 전면 개정하였으며, 1997년에는 '장애인·노인·임산부 등의 편의증진보장에 관한 법률'을 제정하는 등의 일련의 조치를 통하여 종합적이고 체계적인 제도적 기틀을 마련하였다.

'장애인고용촉진 등에 관한 법률'은 장애인의 능력에 맞는 직업생활을 통하여 인간다운 생활을 보장하는 데 궁극적인 목적을 두고 장애인에 대한 시혜·보호(care) 위주의 복지시책에서 근로능력과 의사를 가진(교육·훈련으로 근로능력을 가질 수 있는 장애인을 포함) 장애인의 취업기회 증대로 장애인문제의 궁극적·근원적 해결을 지향하고 있다. 또한 양적 고용 그 자체가 아니고 고용 그 이후의 적정한 직업생활 수준으로 유도하도록 하고자 하는 취지에서 제정되었다(노동부, 1990:22-23). 이 법의 내용은 장애인고용촉진법의 목적, 장애인에 대한 국가와 지방자치단체, 기업, 장애인 자신의 책임, 장애인직업재활과 지도, 장애인의무고용을 이행하도록 하기 위한 장애인고용부담금제도, 장애인고용지원금 및 장려금제도, 장애인직업생활상담제도와 장애인노동자 해고신고제도 등의 장애인고용안정제도, 장애인고용촉진공단의 설립 등에 관한 규정이 있다.

---

5) 장애인고용촉진법의 제정연혁의 자세한 내용은 장창엽(1996:43)의 글 참조.

2001년 1월 29일에 와서는 '장애인고용촉진 등에 관한 법률'을 '장애인고용촉진 및 직업재활법'(법률 제6400호)으로 개정하였는데, 이 법에서는 장애인의 취업에 덧붙여 장애인의 직업재활에도 중점을 둔 것이다. 또한 이 법에서는 매년 공무원 신규채용인원의 5%를 장애인으로, 그리고 정부의 2%의 장애인고용을 법상 의무화하여 책임을 명확히 하는 등 장애인 의무고용을 강화하였다. 그리고 장애인의 범위를 확대하여 기존의 6개의 장애유형을 11개의 장애유형으로 세분하여 장애인복지정책의 대상을 확대시켰다.

제2절 장애인의 취업결정요인에 관한 이론

장애인의 취업에 관한 이론적 관점은 장애인의 개인적 속성으로 야기되는 생산성을 강조하느냐 아니면 제반 사회적인 요인 즉, 노동시장의 구조적 요인을 강조하느냐에 따라 개인적 특성 관점과 노동시장구조적 특성 관점으로 대별될 수 있다. 개인적 특성 관점에서는 장애인 노동자의 능력에 따라 노동자의 생산성이 달라지게 되며, 고용주들은 그들의 선별기준으로 적용되는 장애인개인의 속성과 인적 자본수준에 따라 고용여부를 결정하게 되므로 장애인의 인적 자본이나 개인적 속성이 장애인들의 취업가능성여부를 결정한다는 것이다. 노동시장구조적 특성 관점에서는 장애인개인의 취업기회가 장애인의 개인적 특성에 의해서보다는 그가 속한 노동시장의 구조적인 특성에 의해서 결정된다는 것이다. 따라서 본 연구에서는 장애인의 취업결정요인에 관한 이론을 개인의 능력에 따라 취업이 결정된다는 인적 자본이론과 선별이론, 노동시장에 따라 상황에 따라 취업이 결정된다는 직무경쟁이론과 수요독점이론 등의 네 가지 이론으로 나누어 살펴보고자 한다.

1. 인적 자본이론

1) 이론적 관점

노동의 질과 관계되는 것으로 노동능력을 들 수 있다. 이러한 노동능력은 생산성과 관련된다. 그러므로 노동자들이 취업을 하기 위해 우선적으로 요구되는 것이 그들의 노동능력이라고 할 수 있다. 노동자에게 있어서 능력은 곧 인적 자본이라고 할 수 있다. 이것은 모든 노동자들에게 있어서 공통된 것이다. 즉, 이것은 장애인들에게도 적용될 수 있다. 그러므로 장애인들의 취업을 활성화하기 위해 기본적으로 필요한 것은 장애인들이 취업할 수 있는 능력과 자격을 갖도록 하는 것이다(전영평, 1995:288; 우재현·박영숙·박충선, 1996:11). 이러한 원리를 반영한 것이 인적 자본이론(human capital theory)이다(전남진, 1992:392). 이 이론은 1960년을 전후해서 미국 시카고대학의 Theodore W. Schultz(1961)와 Gary S. Becker(1993), 콜롬비아대학의 Jacob Mincer(1974; 1993) 등 소위 시카고학파에 속하는 경제학자들에 의해 발전된 이론이다. 근대적 인적 자본이론은 1950~1960년대 Schultz에 의해 개척되었다. 그는 교육, 건강 및 이주에 대한 직접적인 지출, 교육과 훈련으로 인해 포기된 소득, 기능과 지식의 향상을 위한 여가시간의 사용 등을 인적 자본에 대한 투자로 파악하였다. 즉 교육과 훈련 등에 대한 투자지출에 의해 형성되어 인간에게 구체화된 지식 및 기능을 인적 자본으로 보았다(이정우, 1997:95). 결국 인적 자본은 인간의 몸에 체화되어 생산활동과 소비활동에서 유용한 서비스를 제공하는 일련의 생산적인 힘이라고 할 수 있다. 이러한 생산적인 힘의 원천이라 할 수 있는 인적 자본의 차이는 취업가능성에 영향을 미치게 된다고 할 수 있다. 즉, 교육, 건강, 내부이동에 관한 투자는 보다 나은 직업기회의 획득을 위한 것이라고 할 수 있다(선영규, 1984:32).

이처럼 교육, 훈련 등을 인적 자본에 대한 일종의 투자로 보는 것이 인적 자본이론의 특징이다. 인적 자본에 대한 투자라고 볼 수 있는 교육은 사람들의 생산성을 높이는 역할을 하고, 따라서 교육을 받은 사람은 받지 않은 사람에 비해 높은 소득을 받게 된다는 것이다. 즉 인적 자본이론에서는 교육이 사람들의 인지능력(cognitive ability)을 제고시키거나 또는 구체적으로는 지식이나 기능을 습득시킴으로써 나중에 작업장에서의 노동자의 생산성이 높아진다고 본다. 이것은 인적 자본투자량의 차이-〉노동생산성의 차이-〉소득의 차이이라는 구조적 메카니즘을 통해 학교교육이 소득에 영향을 미친다고 보는 것이다(남춘호, 1990:100). 또한 훈련은 소득과 연령 관계에 관해서 중요한 효과를 갖고 있다는 것이다(Becker, 1993:37). 그러므로 구직자들도 선호하는 직무의 기대된 수익률에 따라 교육과 훈련 등의 인적 자본에 투자를 한다는 것이다(Becker, 1993:85).

이 이론에 따르면 교육수준이 높을수록 소득이 높은 것은 인적 자본에 보다 많은 투자를 한 데 대한 수익으로 설명되며, 이와 같은 소득의 격차는 충분히 정당화될 수 있는 일종의 보상격차의 성질을 갖게 된다. 이러한 예로는 의사나 전문기술자 등이 있는데, 타인들이 일찍부터 소득을 얻고 있을 때 이들은 교육이나 일반적 훈련에 투자를 하면서 이에 대한 비용을 지불한다. 이들 교육과 훈련 등에 대한 지출은 후에 취업을 했을 경우 교육과 훈련을 받지 않은 사람들보다 생산성의 증가를 가져올 것이며, 이것은 교육과 훈련으로 인한 지출에 대한 보상으로 돌아온다는 것이다. 또한 고용주의 입장에서도 채용 후 교육과 훈련으로 인한 지출을 줄이기 위해 교육과 훈련을 받은 지원자를 더 선호하게 된다. 이러한 인적 자본이론을 근간으로 하는 생산성적 관점은 노동자 개인의 속성과 선택 등 노동공급 측 요인의 수준이 생산성에 영향을 미쳐서 그의 취업여부를 결정한다고 하는 이론적 관점이다.

이 이론을 장애인에게도 적용할 수 있다. 이 이론은 장애인 노동자 개인의 속성과 선택 등 노동공급 측 요인의 수준이 장애인의 생산성에 영향을 미쳐서 장애인의 취업여부가 결정된다고도 할 수 있는 이론적 관점이다(권유경, 1998:12-19). 즉 인적 자본에 대한 투자 중의 한 방식이 정신적·신체적 건강에 투자하는 것이다. 따라서 건강도 지식처럼 많은 방식으로 향상될 수 있다고 본다. 이러한 정신적·신체적 건강은 모든 분야에서 소득을 결정하는 중요한 요인이다. 신체적 건강에 있어서 건강한 소화능력은 힘과 정력을 부가적으로 추가하고, 이것은 다시 소득능력을 향상시킨다는 것이다. 따라서 기업체나 고용주들도 의학적 신체검사, 점심 제공, 또는 사고율이나 사망률의 감소를 위하여 고용인들의 건강에 투자한다고 볼 수 있다. 그러므로 고용주들은 신체적·정신적 장애를 가진 노동자보다는 건강한 노동자들을 더 선호하게 된다는 것이다(Becker, 1993:55). 이들의 이론에 따르면, 장애인은 비장애인에 비해 인적 자본의 수준이 낮기 때문에 노동시장에서 차별대우를 받는다(Mincer, 1993:285-302; 김영화, 1990:277).

또한 장애인들 사이에서도 보다 덜 심한 장애를 가진 장애인들이 보다 더 심한 장애인들과 비교했을 때 노동시장에서 더 선호되며, 취업가능성이 커진다는 것이다. 즉, 이 이론에 의하면, 개인의 취업기회나 취업수준은 노동자 개인의 생산성의 차이에 의해 결정되며, 개별 노동자의 생산성은 신체적·정신적 건강, 학교교육, 직업훈련, 노동시장경력 등에 대한 투자량이 증가함에 따라 증가하는 것으로 파악하고 있다.

그리고 생산성에 큰 기여를 하는 것으로 간주되는 학교교육은 인지적 능력을 향상시킴으로써 생산성을 증가시키고, 고용주에 의해서 제공되는 공식적 직업훈련 프로그램이나 상사나 동료들로부터 얻어지는 비공식적인 현장훈련(on-the-job training: OJT)도 역시 노동자의 생산성을 향상시킨다(Mincer, 1993:285-302)고 할 수 있다. 현장훈련에 의해서 고양된 생산성은 근속 및 경력에 반영되므로 경력이 짧거나 이직률이 높은 노동자의 생산성에 비해 높은 것으로 평가되며, 학교교육, 직업훈련(Mincer, 1993:364), 경력 등과 마찬가지로 장애를 포함한 건강도 개별 노동자의 생산성과 관련된 요인으로 간주되고 있다. 그러므로 장애인에게 있어서도 신체적·정신적 장애로 건강 정도는 낮지만 다른 인적 자본의 수준이 높다면 낮은 취업가능성은 상쇄될 가능성이 있으며, 또한 장애인들 간의 경쟁에 있어서도 다른 장애인들보다 취업가능성은 높고, 임금수준도 상승된다고 볼 수 있다.

2) 경험적 연구

인적 자본이론에 따르면, 취업에 있어서 중요한 요인으로 작용하는 것으로 먼저 건강을 들 수 있다(Yelin, 1992:19-33; Percy, 1989:69). 특히 일반 정상인들과 달리 장애인들에게는 건강이 취업에 심대한 영향을 미치게 된다(Davis, 1997:173). 이들 장애인의 건강에 있어서 중요한 취업요인은 장애요인이다. 이들 장애요인은 장애등급, 일상생활 불편 정도, 이동불편 정도, 노동제한 정도, 장애유형 등으로 나누어 볼 수 있다.

첫째, 장애인의 취업에 영향을 미치는 요인으로 장애등급 정도를 들 수 있다. 많은 연구들에서, 장애인들이 장애 정도가 심해서 취업에 어려움을 겪고 있다는 것을 볼 수 있다. 최효진의 연구보고서(2001)에 따르면, 취업에 어려운 이유 중 "장애가 심해서"라고 응답한 경우가 41.4%를 차지했으며, '기술이나 직업적 능력이 없어서'라고 응답한 경우가 26.4%를 차지한 것으로 나타났다. 민경희(1993:90)의 연구에서는 사업체규모에 따라 장애인의 등급별 분포에 차이가 있다는 가설은 지지되었다. 이선우(1997b:304)의 연구에서, 장애 정도는 주관적 건강

상태와 자립 정도만이 유의미한 영향을 주는 것으로 나타났다.

그러나 정기원(1996:309-310)의 연구에 의하면, 장애 정도는 취업여부, 임금, 근로시간 등 분석에 있어서 큰 차이를 보이지 않는 것으로 보았다. 즉 장애 정도가 중증이기 때문에 취업률이 급속히 떨어진다거나, 혹은 임금수준이 낮다거나 하는 인과관계가 나타나지 않았다. 정기원은 이것을 장애 정도가 경제활동에 미치는 요인보다는 여타 변수의 영향 정도가 더욱 강하다는 것을 내포하고 있다고 보았다. 또한 어수봉(1996a:69-100)의 연구에 의하면, 장애등급의 영향은 4급과 미등록을 제외하고는 유의하지 않고, 장애 정도가 실업탈출확률에 큰 영향을 미치지 못함을 나타냈다.

둘째, 장애인의 취업에 영향을 미치는 요인으로 일상생활불편 정도를 들 수 있다. 이선우(1997b:304)의 연구에 의하면, 생활불편 정도는 장애인의 취업가능성에 유의미한 영향을 미치지 않는 것으로 나타났지만, 외부활동에서의 불편 정도는 유의미한 영향을 미친 것으로 나타났다.

셋째, 장애인의 취업에 영향을 미치는 요인으로 이동불편 정도를 들 수 있다. 장애인이 취업을 할 경우 직장으로의 출퇴근이나 밖으로의 이동이 불편해서 취업을 못할 것이다. 변용찬(2001:225)의 연구에 의하면, 미취업사유로 '출퇴근이 힘들어서'라고 응답한 경우는 0.5%로 응답이 낮게 나타났다. 그러나 이선우(1997b:304)의 연구에 의하면, 외부활동 시의 불편 정도가 유의미한 영향을 미친 것으로 나타났다. 또한 정기원(1996:222)의 연구에 의하면, '사회생활 할 자신이 없어서'

라고 응답한 경우가 3.9%[6])를 차지한 것으로 유추해 볼 때, 장애인들이 밖으로의 출퇴근이나 이동의 불편 때문에 취업에 어려움을 겪고 있다고 볼 수 있다.

넷째, 장애인의 취업에 영향을 미치는 요인으로써 노동을 할 수 있는 노동제한을 들 수 있다. 자기보고식 척도를 이용한 연구 중 정기원 (1996:222)의 1995년 조사에 따르면, 장애인이 취업하지 못하는 가장 큰 이유로 59.5%의 응답자가 '장애가 심해서 일하기 어렵다'는 것을 꼽았다. 변용찬(2001:225)의 연구에 따르면, 장애인이 미취업 또는 구직하지 않은 주된 이유는 '심한 장애로 일하기 어려울 것 같아서'라고 응답한 장애인이 49.8%로 나타났다. 이상의 논의를 검토해 보면, 국내 장애인의 노동제한은 장애인의 취업가능성에 유의미한 정의 영향을 미칠 것이 예상된다.

다섯째, 장애인의 취업에 영향을 미치는 요인으로 손상유형 즉 장애유형을 들 수 있다. 장애유형은 생산성의 차이를 가져오는데 이러한 생산성의 차이가 취업에 영향을 미친다는 것이다. 정재권·김동연 (1988:16-17)의 조사에 다르면, 대부분의 응답자들이 가벼운 지체장애나 외형상에 큰 표시가 없는 청각장애를 선호하는 반면, 시각장애와 정신지체와 같은 장애는 기피하는 경향이 있다는 것이다. 따라서 장애

---

6) 이 결과는 취업이 어려운 이유에 대한 응답 중 장애가 심해서(59.5%), 진학준비(6.5%), 취업할 필요가 없어서(6.3%), 나이 때문에(3.4%)를 제외한 나머지 6개의 응답들 중에서 사회생활을 할 자신이 없어서(3.9%)라는 응답 비율은 평균(4.0%)을 약간 밑도는 비율이긴 하지만 세 번째를 차지하고 있어 그리 낮은 수치는 아니다. 참고로 기타가 4.2%를 차지하였다.

인에 대한 차별이 장애유형에 따라 차이가 나기 때문에 이러한 차이가 취업가능성의 차이로 나타날 것으로 예상된다. 어수봉(1996a:75)의 연구에 따르면, 장애유형에 있어서 실업탈출확률이 언어·청각장애인의 경우는 다른 장애인의 경우보다 상대적으로 높다는 것이다. 그러므로 이 두 장애형태의 경우의 취업률이 상대적으로 높을 것으로 예상할 수 있다. 이선우(1997b:304)의 연구는 취업여부에 대한 장애유형은 지체장애를 기준 집단으로, 청각장애와 정신지체가 유의미한 차이를 보였는데, 이것은 청각장애인은 지체장애인보다 취업가능성이 높은 반면, 정신지체 장애인은 지체장애인보다 취업가능성이 낮다는 것을 의미한다.

한편 정기원(1996:309-310)의 연구에서 장애유형은 전반적인 장애인의 노동공급 행태와 큰 차이를 나타내지는 않았으나, 장애특성에 따라 설명변수의 유의도나 효과 정도 등이 상이하게 나타났다. 특히 정신지체의 경우 일정한 규칙성을 찾아보기 힘들었다. 이는 정신지체의 노동공급행태가 매우 불규칙함을 의미함으로써 장애인 개개인에 대한 개별적인 접근이 필요할 수 있음을 시사한다고 보았다. 또한 민경희(1993:90)의 연구에서는 사업체규모에 따라 장애인의 장애유형별 분포에 차이가 있다는 가설은 기각되었다.

이상의 논의에 의해 종합적으로 검토해 보면, 국내 장애인의 장애요인은 장애인의 취업가능성에 유의미한 정의 영향을 미칠 것이 예상된다.

다음으로는 장애인의 취업에 영향을 미치는 요인으로서 연령, 교육, 경력, 직업훈련, 자격과 기술 등의 인적 자본요인을 들 수 있다. Scheffler

& Iden(1974:122-132)에 의하면, 교육이나 경력 등의 인적 자본요인은 생산성을 향상시키는 기제이므로, 장애인이 동일한 장애유형과 장애정도를 가지고 있다면 인적 자본수준이 높을수록 노동시장참여율은 높다고 보고 있다. 개인의 능력과 관련된 변수의 중요성은 여성이나 인종 간의 노동시장참여율을 설명하는 연구들(Becker, 1957:153; Lewis & Allee, 1992:396; Percy, 1989:21; Arrow, 1973:3; Davis, 1997:173-174; Spence, 1974:3-4; Lundhal & Wadensjö, 1984:47; Leblanc, 1995:702; Hahn, 1987:553)에서 많이 입증되어 왔다. 교육수준의 차이(Becker, 1957:161; Lewis & Allee, 1992:390; Percy, 1989:17-22; Spence, 1974:79; Parsons, 1980:122-132; House et al., 1990:389-411; Soul, 1984:105), 근무경력의 차이(Spence, 1974:4; Welch, 1990:29-74; Yelin & Katz, 1994:593-619; Percy, 1989:241; Lewis & Allee, 1992:396), 건강상의 차이(Becker, 1993:54; Davis, 1997:173), 자격증이나 기술의 차이(Soul, 1984:105; Arrow, 1973:3) 등이 그러한 설명변수들이다. 장애인의 노동시장참여율을 설명하는 대부분의 연구에서 개인의 능력요인으로 연령, 교육수준, 경력을 이용하고 있다. Mannila(1995:19-25)는 연령, 교육수준, 경력 등에 직업훈련을 첨가하여 설명하고 있으며, 어수봉(1996a:75)은 직업훈련과 더불어 자격증을 첨가하여 설명하였다.

여기서 먼저 연령은 직업과 소득에 직접적인 영향을 미치는 인적 자본요인으로서 취업영향요인들 중 하나이다. 정기원(1996:307-308)은 연령을 장애인의 취업에 중대한 영향을 미치는 변수로 설명하였다. 이 연구에서 노동 가능한 연령인 20-54세의 연령계층에서는 비장애인과 비슷한 노동공급 행태를 보여주었다. 또한 연령은 임금함수에서 부(負)의 효과를 나타내 우리나라에서는 일반적으로 나타나는 연공서열적인 임금형태가 나타나지는 않았다는 것이다.

교육은 직업과 소득에 직접적인 영향을 미치는 인적 자본으로서 중요한 취업영향 요인이다(신수영, 1996:53-68; 정기원, 1996:308). 비장애인뿐만 아니라 장애인에게 있어서도 교육수준이 증가하면서 노동생산성이 증가한다고 밝히고 있어서 교육수준이 높을수록 취업의 기회도 증가할 것으로 기대된다. 특히 장애인에게 있어서 교육은 취업뿐만 아니라 직업재활에 있어서 중요한 요인(Becker, 1971:110-162; Lewis & Allee, 1992:390; Soule, 1984:105; Percy, 1989:17-22; Spence, 1974:4)이며, 재활과 직접적으로 연결된다는 면에서 일종의 예비 직업훈련의 성격을 갖는다(강상욱, 1988; 이선우, 1997a:44). 신수영(1996:53-68)의 연구에서는 정규 학교교육이나 취업 전 직업훈련, 현장훈련으로서의 경력 등은 근로자의 취업에 정(正의) 영향을 미치는 것으로 나타났다. 그러나 어수봉(1996a:79)의 연구에서 장애인의 교육수준이 장애인의 취업에 있어서 유의하지 않아 장애인의 교육 정도가 기업수요에 영향을 주지 않는 것으로 나타났음에 유의할 필요가 있다.

노동시장에서 경력은 인적 자본으로서 취업에 있어서 중요한 요인이다(Lewis & Allee, 1992:396; Spence, 1974:4). 기업의 고용주가 새로운 종업원을 채용하는 데 있어서 고려 요인이 될 수 있는 것이 신규채용자들을 훈련시키는 데 드는 비용이 있다. 즉 적응비용(Arrow, 1973:20-23)의 정도라 할 수 있다. 따라서 기업 측면에서는 새로운 종업원을 채용했을 때, 직장훈련에 드는 비용을 감안하게 된다. 이러한 비용을 줄이기 위해 기업 측에서는 경력을 가진 지원자를 선발하려는 경향이 있다. 즉, 동일 업종에 재취업을 하는 경우 그 직무에서 일한 경험이 있는 장애인은 재취업의 가능성이 크다고 볼 수 있다(이채식, 1997:41). 그러므로 채용되어 노동경험을 쌓는 것이 중요하다. 그 이유는 이들에 대한 직업훈련과 교육에 있어서 비용이 감소되며, 이들의 능력이 이미 검증되었기 때문이다(Percy, 1989:69-241). 또한 회사 내부에서의 순환보직 경험이나 직무훈련 등도 그가 가질 수 있는 인적 자본으로서 이들에 대한 재교육의 필요성을 저하시킬 수 있다고 볼 수 있다. 그리고 직업경험은 장애인의 취업욕구 및 자신감에 영향력을 줄 수 있으므로 장애인의 취업에 중요한 요인일 수 있다(이성규, 2000:192).

구직자가 취업을 하는 데 있어서 영향을 미치는 요인 중 하나로 직업훈련 이수 여부를 제시할 수 있다(Manila, 1995:19-25; Spence, 1974:80; 신수영, 1996:53-68; 어수봉, 1996a:69-97). 어수봉(1996a:69-97)은 직업훈련을 받은 사람에게는 기업에서의 고용제의가 많아 취업가능성이 더 크다고 보았다. 그리고 이성규(2000:192)는 직업훈련경험은 장애인의 취업욕구 및 자신감에 영향력을 갖는 중요한 요인이라고 보고 있다. 또한 이선우(1997a:44)는 직업훈련과 같은 인적 자원이 자영업을 하게 할 수 있는 주요한 요인이 된다고 보았다. 그러므로 장애인에 대한 직업훈련을 강화하는 것이 장애인의 취업을 촉진하게 된다는 것이다(한태림, 1995:40-46). 또한 이들의 이러한 인적 자본의 향상으로 인해 생산성이 향상되고, 이로 인해 취업가능성도 높아지며, 임금수준도 높아진다는 것을 예측하고 있다.

기술이나 자격증은 또 다른 인적 자본을 나타내는 중요한 요인이다 (Soule, 1984:105; Arrow, 1973:3). 기술을 가진 노동자들은 다른 노동자들과 취업기준에 있어서 유리한 위치를 선점할 수 있다 (Arrow, 1973:3; 어수봉, 1996a:69-97; 박성준, 1998:20). 특히 새로운 기술을 습득하였는지가 또 다른 취업요인이 될 수 있다(Shakespeare, 1998:110-128). 그러므로 자격증이 있는 장애인은 취업가능성이 높을 뿐 아니라, 자영업을 시작하기에도 유리한 위치에 있을 것으로 예상된다. 최효진의 연구보고서(2001)에 따르면, 취업을 하지 못하는 이유에 대한 물음에서 '기술이나 직업적 능력이 없어서'라고 응답한 경우가 많은 부분(26.4%)을 차지하고 있었다. 그러므로 장애인들이 자격증을 갖고 있을수록 취업가능성이 크며, 취업에 적극적일 것이라는 것으로 예상되므로 자격제도를 강화해야 한다는 것이다(한태림, 1995:40-46).

그러나 국내의 몇몇 연구에서는 장애인 노동시장에서 인적 자본의 영향은 조금 다른 양상을 보이고 있다. 어수봉(1996a:79-83)의 연구에서는 교육, 직업훈련, 자격증, 취업경험 등의 인적 자본이 고용제의에 대해 유의미한 영향을 미치지 못하고 있으며, 구직기간에 대해서는 자격증 소지여부가 오히려 부(負)적으로 유의미한 영향을 미치는 것으로 나타나고 있다. 이선우(1997b:302)의 연구에서도 교육수준과 직업훈련여부가 부(負)적 영향을 미치는 것으로 나타났으며, 정기원(1996:309)의 연구에서는 자격증소지여부가 취업여부에 유의미한 부적 영향을 미치는 것으로 나타났다. 또한 Fields와 Goldsmith(1993:112-113)의 연구에서도 인적 자본으로써 교육 정도나 기술의 성취도 등은 취업에 양의 추정계수를 얻은 것으로 나타났다.

하지만 어수봉(1996a:82)은 이런 결과에 대해 標本選擇偏倚(sample selection bias)가 크게 존재하기 때문인 것으로 분석하고 있기는 하다. 그러나 이선우(1997b)의 연구와 정기원(1996)의 연구에서도 같은 결론이 도출된다는 것은 비시장적 힘에 의해 왜곡됐을 가능성이 있다. 장애인에게 있어서 장애가 가장 먼저 적용되는 선별기준이 될 수 있으므로 장애인의 인적 자본의 영향은 장애로 인한 영향의 그늘에 가려져 그 영향력을 상실했을 수도 있다. 즉, 장애인이 취업가능한 곳에서는 장애인의 높은 인적 자본은 필요로 하지 않고, 자격증이나 높은 교육수준은 장애인에게 높은 임금을 지불해야 하기 때문에 오히려 고용자체를 꺼릴 것이라는 것이다.

이상의 논의에 의하면, 장애인에 대한 차별 등의 비시장적 기제의 힘이 작용하지 않는다면, 장애인의 인적 자본요인은 장애인의 취업여부에 정(正)의 유의미한 영향을 미칠 것이다. 그러나 장애가 미치는 영향이 매우 크다면, 인적 자본요인의 수준은 장애인의 취업가능성에 유의미한 영향을 주지 못하거나 부적 영향을 줄 것으로 예측할 수 있다.

2. 선별이론

1) 이론적 관점

앞에서 논의한 인적 자본이론은 개별 노동자들 간의 생산성의 차이에 따라 취업가능성과 임금수준이 결정된다고 보고 있으며, 이들 노동자들 간의 생산성은 인적 자본에 따라 결정된다는 것이다. 여기서 간과할 수 없는 것은 이 이론이 완전경쟁적인 노동시장과 개별 노동자에 대한 완전한 정보의 공유라는 것을 전제로 하고 있다.

그러나 실제에 있어서는 완전경쟁시장과 노동자에 대한 완전한 정보의 공유란 있을 수 없다. 또한 학교교육, 직업훈련, 경력, 그리고 건강 등의 대리변수가 실제로 생산성을 얼마나 정확히 대변하는가에 대한 문제가 있다. 이로 인해 제기된 이론이 선별이론이다. 이 선별이론의 관점에서 보면, 교육수준, 경력, 건강, 성별, 연령 등의 대리변수는 단순히 고용주가 노동자를 선별하고 채용하는 데 있어서 필요로 하는 선별도구의 기능을 한다는 것이다. 장애인의 취업여부의 결정에 대해 선별이론은 개인적 특성이 단순히 노동자의 선별기준으로서만 작용한다고 보는 기존의 선별이론과 장애인의 장애가 비합리적인 선별기준으로 작용하는 메커니즘을 설명하는 차별론으로 구분할 수 있다.

(1) 기존의 선별이론

선별이론(screening theory)은 1970년대에 와서 인적 자본이론에 대한 유력한 반론의 하나로 등장한 이론이다. 이 이론에서는 교육수준이 사람들의 능력을 제고시키는 기능은 없고 다만 능력이 있는 사람을 가려내는 역할을 한다고 본다(이정우, 1997:110). 이 가설은 선별(screening), 신호 (signal), 체(filter), 학위주의(degreeism, credentialism) 등 여러 가지 이름으로 불리고 있다. 이 선별이론에서는 교육이나 직업훈련 등 인적 자본에 대한 투자량의 증가는 생산성의 증가로 연결되지 않고, 단지 고용주가 노동자를 선발하는 데 필요로 하는 정보 내지 선별도구로 사용된다 (Spence, 1974).

대부분의 노동시장에서 고용주들은 노동자들 간의 생산성에 관한 정보가 불확실하기 때문에, 실제로 노동자들의 생산성을 정확하게 측정하여 고용과 임금수준의 기준으로 채택하는 것은 비현실적이다. 뿐만 아니라 이들 생산성에 관한 측정비용을 고려하면 비경제적이다. 그러므로 고용주들은 정확한 생산성 측정에 대한 차선책으로써, 잠재적으로 높은 생산성을 가지고 있을 가능성이 높은 노동자를 선발하는 기준으로써 교육, 경력, 연령, 성별, 건강 등의 명시적인 몇 가지 노동 특성(labor characteristics)을 이용하게 된다(Spence, 1974:9-10). 또한 고용주에게 있어서 이러한 노동 특성은 저렴한 비용의 선발도구로써 활용된다. 따라서 교육, 경력, 기술, 건강 등의 명시적인 노동 특성 (labor characteristics)의 수준이 향상될수록 그들의 취업 가능성은 향상되며, 임금수준도 향상된다(Lundhal and Wadensjö, 1984:41-42).

노동시장에서 고용주들은 노동자들의 생산능력이 어느 정도인지 잘 알 수 없고, 노동시장의 정보도 불완전하다. 즉, 고용주와 피고용인 사이에 정보의 비대칭성[7]이 존재한다고 할 수 있다. 그런 의미에서 고용주가 노동자를 채용한다는 것은 일종의 불확실성하의 투자행위라고 할 수 있다(Spence, 1974:2-3). 채용을 함에 있어 고용주는 노동자에 관해 두 가지 유형의 특징을 관찰하게 되는데, 이것이 지표(index)와 신호(signal)이다. 지표란 성별, 인종, 나이 따위와 같은 것으로써 개인이 의도적으로 바꿀 수 없는 성질을 가지고 있는 데 반해, 신호는 교육이나 건강과 같은 것으로 개인이 비용을 들여 투자할 수도 있으며, 또한 바꿀 수도 있다는 성질을 가진다(Spence, 1974:10; 이정우, 1997:110-111).

고용주는 시장에서의 과거의 경험을 통해 축적한 통계적 정보에 근거해서 어떤 지표나 신호를 가진 사람은 대개 어느 정도의 생산능력을 가질 것이라고 하는 조건부 기대치를 가지고 있다(Spence, 1974:12). 고용주는 이 기대치에 기초하여 노동자의 채용 여부와 초봉으로 제시할 임금을 결정한다. 이 기대치는 고정되어 변하지 않는 것이 아니며, 또한 매년 새로운 노동자들을 채용하고 그들이 일하는 성과를 관찰함으로써 오류나 실수가 발견되면 계속 수정되어 간다. 이렇게 수정된 기대치는 다음번의 채용과 임금에 영향을 주게 된다(이정우, 1997:111). 실제 선발도구의 예측 치와 직무성과와의 관계에 관한 조학래(1997:315-324)의 연구에 있어서, 선발도구로서 면접의 타당도가 비교적 높게 나타났으며, 서류전형도 어느 정도 예측력을 가진 것으로 나타났다.

노동자의 입장에서 볼 때, 지표(index)는 주어진 것이니 변경이 불가능하다. 그러나 신호(signal)는 변경이 가능하므로 경우에 따라서 투자하는 것이 유리할 수도 있다. 만약, 고용주들이 노동자들의 교육수

---

7) 노동자는 자신의 능력 또는 생산성을 잘 알지만 고용주는 그것을 모른다는 것을 말한다.

준이 높을수록 유능하고 생산성이 높을 것이라고 기대한다면, 고용주들은 그 노동자를 채용하고 그에 대해서 높은 임금을 지불하려 할 것이기 때문이다. 이때의 교육수준은 지식을 제공하고 생산성을 높인다기보다는 단지 유능한 사람을 선별해내는 기능만을 수행할 뿐이라는 것이다. 즉 고용주들은 유능한 사람일수록 오랜 기간에 걸친 각종 시험을 무사히 통과하여 학교를 마칠 확률이 높을 것이라고 여기기 때문에 지표나 신호를 통해 노동자들을 선별(screening)한다는 것이다.

이에 따르면 교육을 통한 선별이 없는 경우에는 모든 노동자에게 똑같은 평균소득이 지불되겠지만, 선별이 있는 경우에는 생산성에 따라 소득의 격차가 생기게 된다. 여기서 유능한 사람은 자신의 생산성에 상응하는 소득을 벌기 위해서 자신의 높은 생산성을 고용주에게 알릴 필요가 있다. 그러기 위해서 노동자는 교육, 직무경험 등의 신호에 관해 비용을 지불해서라도 획득하는 것이 유리하다. 이와 같은 개인의 노동 특성의 선별기능이 작용하기 위해서는 인적 자본의 투자비용과 개인의 능력과는 마이너스의 상관관계를 가진다는 가정이 반드시 필요하다. 만일 이 가정이 없다면 능력에 관계없이 모든 사람이 보다 많은 인적 자본을 획득하려 할 것이고, 결과적으로 인적 자본에 관한 한 똑같은 신호를 보내게 될 것이기 때문이다(이정우, 1997:111-112).

이와 같이 선별이론에서 교육을 보는 관점은 인적 자본이론과 다르다. 인적 자본이론에 입각하면, 교육은 개인적으로나 사회적으로나 생산적이며 바람직한 투자이다. 그러나 선별이론에 의하면, 교육의 역할은 반드시 바람직한 것만은 아니다. 유능한 노동자의 입장에서 보면,

교육은 소득을 높이는 유리한 방편이 되지만 반대로 무능한 노동자의 경우에는 오히려 소득을 평균 이하로 낮추는 결과밖에 가져오지 않는다. 고용주의 입장에서 보면, 선별이 있건 없건 생산량이나 이윤은 변화가 없고 다만 소득을 무능한 노동자에게서 유능한 노동자에게로 재분배해줄 뿐이다. 그런데 사회적 관점에서 보면, 교육은 생산성을 높이지 못하고 사회 전체의 소득도 증대시키지 않고 다만 자원을 낭비하는 것에 지나지 않는다는 함축을 가진다. 이와 같이 교육이 생산성을 높이지도 않으면서 지위와 소득의 결정에 큰 영향력을 행사하는 사회를 학력사회(credential society)라고 부른다. 교육이 생산성을 높이지 않고 단순히 선별작용을 통해 개인적으로 높은 소득을 가져다줄 뿐이라면 교육투자의 개인적 수익률은 높으나 사회적 수익률은 아주 낮을 것이고 사회적으로 교육에 대한 과잉투자가 존재하는 셈이 된다(이정우, 1997:112).

이 이론에 따르면, 장애인의 경우는 교육수준 등의 노동특성 이외에 장애라는 특성을 추가적으로 가지고 있다. 장애인은 장애로 인하여 비장애인과 구별되는 만큼, 장애는 그 어떤 노동특성보다도 우선 적용되는 선별기준이 된다. 장애는 그 특성상 편견과 차별을 더욱 많이 유인하기 때문에, 장애인은 장애가 없는 비장애인과는 달리 직업적 편견과 차별에 직면하게 된다(Davis, 1997:173). 따라서 장애인은 비장애인과의 노동시장 경쟁에 있어서 차별적 위치에 놓이게 되며, 취업기회와 임금수준의 경쟁에 있어서도 비장애인보다 더 낮은 위치에 서게 된다는 것이다.

그러나 장애인들 간의 경쟁일 경우에는 교육 정도, 직업관련 서비스 정도, 자격증 보유 여부, 장애유형 및 정도[8] 등이 선별도구로서의 기능을 하게 되고, 이에 따라 취업가능성과 임금수준이 결정된다고 할 수 있다.

(2) 차별론

기존의 선별이론(screening theory)과 차별론(theory of discrimination)의 차이는 노동시장 결정과정에서 이루어지는 일련의 선택이 합리적인가 아니면 비합리적인가에 있다. 즉, 기존의 선발이론은 잠재적으로 높은 생산성을 가지고 있을 가능성이 높은 노동자를 선별하기 위한 기준으로 명시적인 노동특성(labor characteristics)을 적용하지만, 차별론에서의 노동특성은 개인의 특성이나 그가 속한 집단에 대한 편견을 유인하는 기준으로 작용한다고 보는 점에서 그 차이가 있다. 산업사회에서 장애는 고용 여부를 판단하는 가장 대표적인 기준이 되어 왔고, 이는 다시 소위 통계적 차별(statistical discrimination)에 의해 장애인에 대한 취업의 기회를 제한하였다.[9] 장애인고용에 관한 경험적 연구결과들은 고용주들이 장애인고용에 대해 부정적 태도를 가지

---

8) Davis는 장애인들의 실업의 원인으로 신체적 결함을 지적하고 있다 (Davis, 1997:173).
9) 통계적 차별은 흔히 노동시장에 있어서 편견과 정보의 부족으로 결과 된다. 즉 고용주는 지원자의 고용자격을 평가할 수 있는 정확한 자료가 없을 경우, 그 개인의 속성(인종, 성, 장애 등)에 기초한 집단의 평균적 생산성을 근거로 판단하게 된다(Baldwin and Johnson, 1993:776-777; 김재원, 1997:108-109; 이채식, 1997:41).

고 있으며, 사회·경제적으로 불리한 입장에 처해 있는 장애인보다는 신체적으로 우월한 비장애인을 선호하고 있음을 보여준다.(Lewis & Allee, 1992:389-390; 이채식, 1997:41). 실제로 장애인들은 다른 비특권 집단들의 실업률보다 훨씬 높은 수준의 실업률[10]을 보이고 있다 (Hahn, 1984, 1987:551-553; 전영평·이곤수, 1999:13-14).

노동자를 주관적인 판단에 의해서 선발하는 기업과 객관적인 채용도구를 사용하여 선발하는 기업 모두에게 있어서, 장애인의 장애는 비합리적인 차별을 유인하는 역할을 한다. 고용주가 장애인 노동자에 관하여 가장 알고자 하는 것은 특정 직무에서 그의 생산성에 영향을 미칠 수 있는 장애의 영향이다. 보다 객관적인 생산성 평가를 위하여 많은 기업에서 채용시험을 활용하고 있으며, 서구의 경우 이런 채용시험 등을 통하여 인종이나 성의 편견을 많이 배제하고 있다(Sherman and Robinson, 1982).

그러나 이러한 표준화된 방법에 의한 평가는 노동자가 취업해서 해야 할 일과 그의 장애가 상관이 없더라도 그 평가에 응시할 수 없는 손상을 가진 노동자에게서 취업기회를 박탈하게 한다. 이러한 것을 보완하기 위해서 평가결과를 수정 또는 평가를 면제시켜주는 기업이 있다고 할지라도, 이러한 것들은 오히려 기업 측의 고용결정에 대한 주관성만 더 증가시킨다. 또한 이러한 객관화된 평가기준을 사용하는 것은 일정 규모 이상의 기업에서만 가능하다. 소규모의 기업일수록 시험 등의 평가도구 마저 사용하지 않으며, 보다 더 주관적인 판단에 의존

---

10) 대략 2/3 이상의 장애인들이 실업상태에 있다.

하여 노동자를 선발하는 경향이 크다.

주관적 판단은 장애인에게 두 가지의 영향을 줄 수 있다. 하나는 장애인이기 때문에 그의 생산성이 낮을 것이라는 편견을 받기도 한다. 다른 하나는 그가 가지고 있는 장애의 속성에 근거하여 생산성이 더욱 낮을 것이라는 편견을 받는다. 전자는 Phelps(1972)와 Aigner & Cain(1977)의 통계적 차별론으로, 후자는 Becker(1957)의 차별의 취향 가설로 설명할 수 있다.

통계적 차별(Phelps, 1972:659-661; Aigner & Cain, 1977:175-187; Becker, 1957; 김재원, 1997:77-80; 우재현·정영숙·박충선, 1996:11)은 한 개인이 그 자신의 노동능력에 근거해서가 아니라 그가 속한 집단 혹은 집단들의 평균적인 속성에 근거하여 판단될 때 발생한다. 그러한 판단은 그 집단이 실제적으로 가지고 있는 속성의 일부이기 때문에 집단에 대한 판단으로는 사실적이고 객관적이다. 그러나 그 집단내의 많은 개인에 관해서는 정확한 것이 아니다. 하지만, 고용주들은 모든 손상이 생산성을 저하시킨다고 생각하고 있다는 것이다. 또한 고용주들은 장애인 노동자들에게 있어서 필요 시 직무를 변경시키기가 어렵고[11] 감독과 훈련비용을 더 많이 요구되며, 보험이나 기타 부가급여의 비용이 더 많이 든다고 생각하는 등 손상이 초래하는 비용을 과대평가하는 경향이 있다고 한다(Schroedel and Jacobsen, 1978). 사실상 이러한 평가의 경향은 일부의 장애인에게 있어서는 사실이다. 이것은 종전부터 전해 내려온

---

[11] 한 직무에서 장애를 발생시키는 손상은 다른 직무에서는 그의 생산성에 전혀 영향을 미치지 않을 수 있다. 신체적 역량과 직무요건을 매칭시키는 방법이 기업에서 간혹 혹은 자주 사용되고 있다(Koyl, 1970:140-146.).

관습과 전통에 따라 고용주들과 비장애인들이 갖는 편견 때문)이라고 볼 수 있다(Lundhal and Wadensjö, 1984:38). 예를 들면, 같은 직무에서의 남성보다도 낮은 임금을 받거나 또는 어떤 직업으로부터 여성이 배제되는 가장 많이 나타나는 이유 중에 하나는 전통이나 관습 때문이라는 것이다. George Akerlof(1980:749-775)의 사회관습이론에 따르면, 관습과 전통 두 가지는 차별의 존재를 가장 진보적으로 설명하고 있다. 이와 마찬가지로 장애인은 비장애인에 비해서 같은 직무에서 비장애인보다 낮은 임금을 받거나 또는 어떤 직업으로부터 배제되어 온다고 볼 수 있다. 이에 관해서 송건섭·이곤수의 연구(1998:111-112)에서도 문화적 요인이 장애인취업의 영향요인으로써 작용한다고 지적하고 있다.

그러나 많은 장애인에게 있어서 생산성 저하, 감독과 훈련비용 증가, 기타 부대비용 증가 등은 사실이 아니다. 이것은 장애인이기 때문에 이러한 편견을 받고 이 때문에 취업기회가 낮아진다는 것이다. 그러므로 통계적 차별론에 의하면, 장애인에 대한 차별은 장애인개인에 대한 정보가 증가할수록 없어진다.

Becker의 차별의 취향가설(hypothesis of employers' tastes)에서는 특정 인구 집단에 대한 고용주의 선호(preference) 및 편견(prejudice)으로 차별을 설명하고 있다. Becker는 고용주들이 어떤 특정 집단을 싫어하는 취향을 갖고 있기 때문에 차별이 발생한다고 보았다(1971:39-54). 차별을 하는 사람은 차별하기 때문에 발생하는 비용을 감수할 정도의 편견 및 선호를 갖고 있으며, 이에 따라 편견을 심하게 받는 인구 집단일수록 취업기회가 낮고 임금수준도 낮다(김재원, 1997:75-76). 이처럼 차별은 주로 사람들의 편견에서 오는 것이지만 반드시 편견과 차별이 일치하는 것은 아니다. 엄격히 말하면 차별과 편견은 구분되어야 한다. 차별은 실제 행동이다. 따라서 마음속에는 편견이 있지만 겉으로는 차별이 없을 수 있고, 편견이 없이도 차별은 있을 수 있다(이정우, 1997, 233-234).

장애인에 대한 편견은 장애가 얼마나 눈에 많이 띄는가에 따라 달라지므로 장애인들 사이에도 편견을 받는 장애인과 그렇지 않은 장애인이 존재한다. 장애인에 대한 태도를 연구한 많은 연구에서 그들이 유도한 편견의 강도에 의해 순위 지어진 손상의 서열이 일관적이라고 한다(Yuker, Block & Young, 1966; 권유경, 1998:16). 이와 같은 사실은 Baldwin & Johnson(1994:1-9)의 연구에서 사용된 Tringo척도[12]의 가중치 순서에서도 발견할 수 있다.[13] 그리고 Johnson(1986:242-261)은 그의 연구에서, 고용주가 기대하는 생산성에 따라 손상의 서열을 매긴 순위와 편견의 강도에 의한 순위가 똑같다는 것에 대해 고용주들의 관례적이고 편향된 사고방식으로 잘못된 정보와 편견을 갖고 있기 때문인 것으로 보았다.

이러한 이론을 장애인 차별과 관련해 연구한 이익섭(1993:195-196)의 연구에 의하면, 사업주들이 생각하기에는 모든 손상이 생산성을 저하시

---

12) 정신적, 신체적으로 손상을 입은 사람에 대한 편견적인 태도의 척도.
13) 편견의 강도에 따른 가중치는 관절염(0.53), 절단(0.68), 시각(0.70), 청각(0.71), 발작증세(0.73), 마비(0.91), 정신지체(1.27) 등의 순으로 정신지체의 경우 가장 심한 편견을 받는다고 한다. 편견의 강도에 따른 가중치는 관절염(0.53), 절단(0.68), 시각(0.70), 청각(0.71), 발작증세(0.73), 마비(0.91), 정신지체(1.27) 등의 순으로 정신지체의 경우 가장 심한 편견을 받는다고 한다.

키며, 장애노동자들은 직무를 변경시키기가 어렵고, 기타 부가급여에 대한 비용이 많이 소요된다. 이러한 장애인과 관련된 고정 관념에 따라 노동시장에서 장애인들은 차별을 받고 있다. 이들은 장애노동자들의 생산성에 대한 정보를 증가시키면 차별은 감소할 것으로 주장하였다. 장애인들에 의하여 표출된 문제들과 주제들에 공통적으로 내재된 것은 환경적인 여건들(예를 들어 사회적, 정치적, 문화적, 신체적)로 인해 그들이 사회에 참여하고 기여할 수 있는 기회를 방해하는 장애물이 된다. 특히, 이것은 장애라는 것을 단순히 개인의 속성으로 여기는 전통적인 관점에서 탈피하여 환경의 맥락 속에서 바라보게 되었다는 점에서 중요하다고 할 수 있다(Fougeyrollas, 1992:14-27; Jongbloed & Chrichton, 1990:32-38; WHO, 1980). 장애에 관한 이러한 현재의 시각은 "개인적인 특성보다는 환경적인 장애물들이 장애관련 결과에 더 중대한 영향을 미친다"는 것이다(Jongbloed & Chrichton, 1990:34).

2) 경험적 연구

장애인취업의 환경적인 장애물 중 가장 커다란 것은 장애인에 대한 편견이다. 장애가 장애인의 취업가능성에 직접적으로 영향을 미치게 될 뿐만 아니라, 비장애인들이 장애인에 대해 갖고 있는 편견에도 영향을 미침으로써 취업에 영향을 미칠 것이다. 최효진의 연구(2001. 3:13)에 의하면, 취업이 어려운 이유 중 '직장에서의 차별이나 남의 시선이 싫어서'라고 응답한 비율이 10.3%를 차지했으며, 최소영의 연구(2001. 3:7-8)에 의하면, 장애인고용 후 장애인고용에 대한 만족도

조사의 경우 '만족한다'라고 응답한 경우가 43.8%를 차지하였다. 그러나 앞으로 장애인을 고용할 계획이 있느냐에 대한 질문에는 '아니오'라고 응답한 경우가 64%를 차지하였다. 이것은 장애인이 그 지역의 사회적 전통과 관습의 비우호적이다라고 생각하여 취업기피를 한 것이라고 볼 수 있다. 정재권과 김동연(1988:16-17)의 한국인의 전통적 의식에서도 장애인에 대한 편견과 차별이 있다고 보았다. 이러한 장애인에 대한 차별과 편견의 현상은 특히 한국 속담과 문학작품에서 잘 발견될 수 있다는 것이다. 그들은 또 인간의 외모를 중시하는 증거를 Marinelli(1974:72-77)의 연구로써 제시하기도 하였다. 또한 변용찬(2001:225)의 연구에 의하면, 장애인들이 취업을 못한 이유로 '회사에서 장애인을 안 받아주기 때문'이라고 응답한 경우가 3.3%[14]를 차지하기도 하였다. 또한 송건섭과 이곤수(1998:103-121)의 연구에 의하면, 문화환경적 요인 등이 통계적 유의성을 나타냈으며, 문화환경적 요인은 장애인의 취업에 있어서 부(負)적인 방향으로 영향을 미치는 것으로 나타났다.

노동시장에서의 편견은 차별을 발생시킨다. 이러한 차별을 많이 경험한 사람일수록 취업에 대한 의욕이 감소하게 된다. 일반적으로 심리적 문제가 있을 경우 일반적 표상과 외부행동대상에 대한 지각상과 일치가 어렵게 되기 때문이다(寺澤恒信, 1984:98-113). 그러나 장애인

---

14) 이 결과는 전체 응답 중 장애가 심해서(45.8%), 나이가 많아서(27.5%)라고 응답한 경우를 제외한 13개 응답 중에서 적합한 직종이 없어서(8.2%), 굳이 취업할 필요가 없어서(4.4%)라는 응답에 이어 세 번째 높은 비율을 차지한 것이다.

이 자기불안이나 자기불확실의 심리적 문제가 있는 경우 "나는 노력해도 일할 수 없는 장소"로 장애인에게 지각상이 형성되어서 직장에 대한 일반적 표상(누구나 노력하면 일할 수 있을 장소)과 일치되지 못하게 됨으로써 인지적 문제가 발생하게 되고 대상에 대한 객관적인 인식이 어렵게 된다. 이런 장애인의 심리적 문제는 사회적인 차별경험의 정도에 따라 달라질 수 있다. 따라서 여러 장애인복지 전문가들은 장애인이 갖고 있는 심리적 요인을 어느 정도 해소해 주어야 취업률이 높아질 가능성이 많다고 보고 있다(강위영, 1991:38-41). 이선우(1997b:304-305)의 연구에서도, 사회적 차별경험이 없다고 대답할수록 취업가능성이 높았으며, 정서적 부담이 없을수록 취업할 가능성이 높다고 나타났다.

여기서 장애인들에게 무력감, 소외감, 사회적 적대감 같은 심리적 장애를 발생시키는 요인이라고 할 수 있는 사회적 차별 정도는 사회적 차별을 얼마나 경험했느냐라고 할 수 있다. 그러므로 노동시장인 사회에서의 차별경험의 정도에 따라 그 장애인의 취업가능성은 영향을 받게 될 것이다.

3. 직무경쟁이론

1) 이론적 관점

직무경쟁이론(job-competition model)은 노동시장에서 개인의 이동은 노동시장의 사회구조적 위치들 사이에서 상당히 제한되며, 불완전경쟁적인 노동시장의 제도적 요인 혹은 비시장적인 힘에 의해 개인특성에 대한 보상률이 달라진다는 것이다. 특히 장애인은 장애로 인하여 일반인과는 다른 독특한 노동시장구조에 편입되며 장애인의 노동시장구조에 따라 장애인의 취업가능성이 결정된다는 이론이다(권유경, 1998:12-19).

직무경쟁이론(job competition)은 미국 MIT대학의 Thurow에 의해 1970년대에 개발된 이론이다(1975). 이 이론에서는 노동시장에서 임금경쟁은 거의 없고 실제 노동시장에서 이루어지는 경쟁은 대개 기업측이 제공하는 직무를 놓고 노동자들이 서로 일자리를 다투는 경쟁이 일어난다고 가정한다. 어떤 직무에 지원하는 여러 명의 노동자가 있을 때[15] 고용주에게는 어떤 사람을 선발하는가 하는 문제가 생긴다. 이때 주요 선발기준이 되는 것은 그 사람을 채용했을 때 앞으로의 훈련가능성(trainability) 여부, 그리고 훈련비용이 얼마나 들것인가 하는 것이다. 고용주는 채용단계에서는 노동자의 숙련 정도나 장래 소요될 훈련비용을 잘 알 수 없기 때문이다.

비록 노동자들이 노동기술을 가지고 있지 않을 지라도, 그들 노동자들은 소위 "배경적 특성(background characteristics)"라 불리우는 것들에 있어서 다양성을 갖고 있다. 노동자들이 생산현장에서 직접적으로 요구된 기술을 갖고 있지 않을지라도, 이들 배경적 특성들(교육, 타고난 능력, 나이, 성, 개인적 습성, 심리테스트 점수 등)은 어떤 직무수행에 필요한 그 노동자의 훈련비용에 영향을 미친다(Thurow,

---

15) Thurow(1975)는 이것을 '노동의 행렬(labor queue)'이라고 불렀다.

1975:86).

개개인들은 각기 다양한 배경적 특성을 갖고 있기 때문에, 그들이 수행해야 할지도 모르는 각각의 직무지위들(job ladders)마다 각기 다른 훈련비용이 요구될 것이다. 어떤 직무에 있어서의 훈련비용은 낮을 것이고, 어떤 직무에 있어서의 훈련비용은 높을 것이다. 이처럼 배경적 특성의 다양성으로 인해, 각자에 관련된 훈련비용의 다양한 구조를 가진다(Thurow, 1975:86).

훈련비용을 최소화하기 위해 고용주들은 그들의 훈련비용의 토대를 위해 잠재적으로 노동자들을 서열화(ranking) 한다. 이러한 서열화는 노동의 행렬을 만든다. 그러나 고용주들은 구체적 노동자들의 훈련비용에 대한 정보가 부족하기 때문에 그들이 표준 직무수행을 수행하는 데 필요한 비용의 간접적 지표로써 사용되는 배경적 특성에 따라 그들을 서열화 한다. 낮은 훈련비용을 산출하는 배경적 특성을 가진 노동자들은 우선적으로 취업기회가 제공된다. 그 수용비율에 따라, 고용주는 필요한 직무가 채워질 때까지 노동의 행렬을 낮추어 간다. 직무경험을 갖고 있으면서 연령이 높은 노동자들이나, 직무기술의 존재가 그들의 훈련비용을 더 낮아지게 하는 만큼 그들의 선택받을 기회가 높아진다(Thurow, 1975:87). 그러므로 이러한 관점에서 본다면, 개인들은 가능한 한 보다 많은 교육을 받는 것이 노동시장에서의 채용에 유리하게 된다. 따라서 이들의 교육에 대한 수요는 과잉이 되기 쉽다(이정우, 1997:114).

각각의 노동자들은 다양한 직무에 있어서 다양한 훈련비용을 갖고 있기 때문에, 노동자들은 다양한 직무에 있어서 노동행렬의 각기 다른 위치에 서게 된다. 또한 훈련비용에 있어서도 객관적 차이가 더 적으면 적을수록, 고용인을 결정하는 마지막 순서를 결정하는 주관적 선호의 역할은 더 커진다. 만약 모든 노동자들이 동일한 훈련비용을 갖고 있다면, 흑인들은 노동의 행렬에 있어서 최하위에 위치하게 된다 (Thurow, 1975:87-88).

장애인 집단의 노동시장에서의 주변성을 설명하기 위하여, 직무경쟁 이론은 장애인들이 참여하고 있는 노동시장의 내부구조를 살펴보기 위하여 노동시장의 대기행렬과 노동시장 자체의 경직성이라는 두 가지 요인을 중심으로 설명한다(Thurow, 1975; Bluestone and Harrison, 1986). 먼저, 노동시장에서의 대기행렬이라는 것은 고용시장이 한정된 수의 좌석을 갖고 있고 다음 공연을 보기 위해 줄을 서 있는 사람들처럼 노동시장에서 그 한정된 직무를 차지하기 위하여 노동자들이 줄을 서 있다는 것이다. 그러나 고용시장은 선착순대로 표를 팔지 않고, 다양한 직업 내에서 취업하려고 하는 지원자들은 고용주들이 필요로 하는 요구사항, 즉 능력 및 자질들의 특성을 기준으로 줄을 서 있는 것이다.

일반적인 경우 발견되는 그 서열의 순위를 보면, 건강한 남자가 노동시장의 맨 앞에, 그 다음으로 여성, 흑인, 고령자, 그리고 마지막으로 장애인이라고 한다. 그러므로 장애인은 그 대기행렬의 맨 마지막에 서 있으며, 고용시장의 규모가 작거나 고용시장이 한정되어 있는 경우 장애인은 실업자로 남아 있거나 경제활동 자체를 포기하고 비경제활동인구로 남겨지게 된다(권유경, 1998:18)는 것이다. 이를 통해서 볼 때, 장애인이면서 여성인 경우는 대기행렬의 순위에 있어서 맨 뒷줄에 있으므로 여성장애인인 경우는 취업의 가능성이 적다고 할 수 있다.

이처럼 대기행렬에서 서열이 낮은 장애인은 서열이 낮은 직무에 집중되는 현상을 낳는다. 그러므로 이 가설에서는 장애인이 특정 직무에 집중되고 격리된다는 것은 수요와 공급의 법칙에서 공급과잉을 유인하며, 이에 장애인들의 임금수준이 더욱 낮아진다고 설명하고 있다.

둘째, 노동시장의 경직성이라고 하는 요인은 그 노동시장의 규모와 관련된 개념이다. 실업률은 단순히 노동시장의 한계생산성 관점으로 설명할 수 없는 중요한 취업의 변수이다. 노동시장에서 실업률이 낮을 경우는 취업 가능성이 높아지지만 실업률이 높을 경우는 취업 가능성이 낮아진다(Thurow, 1975:55). 이러한 것을 장애인에게 적용할 경우, 완전고용이 이루어진 상태에서는 일자리가 충분하므로 장애인도 취업 가능성이 높다고 할 수 있지만, 실업률이 높은 상태에서는 서열이 낮은 장애인이 취업할 가능성은 줄어들 것이라고 예상해 볼 수 있다.

이상의 설명에서 볼 때, 이 이론은 교육이나 개인적 특성을 선별장치로 보고 있는 점에서 선별이론과 비슷한 입장이지만 선별되는 것이 개인의 능력이 아니라 직무의 훈련가능성이란 점에서 선별이론과는 차이가 있다. 선별이론에서는 어떤 개인이 미리 정해진 능력을 갖고 노동시장에 나타난다고 보는 반면, 직무경쟁모델에서는 노동시장에는 아직 특정한 기능이 존재하지 않는 것으로 보고 있다.

이처럼 직무경쟁이론에 비추어 보면, 개인적 특성(교육, 훈련, 성별,

연령, 능력, 인종, 결혼 등)이 같은 사람이라도 취업여부가 다르게 나타나는 것을 자주 볼 수 있다. 인적 자본이론은 개인적 특성이라고 하는 노동공급 측 요인에만 주의를 기울이고 있지만 실제로는 개인의 취업여부를 알기 위해서는 노동수요 측의 요인도 상당히 중요하다.

이같이 비장애인의 경우에서와 마찬가지로 장애인의 경우도 동일선상에서 볼 수 있다. 장애인의 취업여부에 대한 노동시장 구조적 요인의 영향은 노동시장과정의 행위자이며 차별의 실행자라는 면에서, 그리고 장애인의 취업여부에 대한 직무경쟁이론의 적용이라는 점에서 그 영향이 제기될 수 있다.

2) 경험적 연구

노동시장요인과 관련하여 기존 연구에서는 성, 직무, 기업규모, 지역규모 변수를 들 수 있다. 남춘호(1990:99-124)와 기타 연구에 의하면, 기업규모, 남녀 간 직무격리, 지역 등의 노동시장 변수는 취업에 영향을 미친다는 것이다. 또한 노동시장요인과 관련하여 직업훈련과 알선제도, 사회·직업적 편의시설, 사회적 차별경험[16] 등을 들 수 있다. 여기에 관해서는 각 학자들마다 사회적 요인, 법·제도적 요인, 문화적 요인, 사회경제적 요인, 정치행정적 요인, 정치·사회적인 분위기 등의 다양한 용어로 불리어지고 있다(송건섭·이곤수, 1998; 김행범, 1993; 송근원·김태성, 1995; 전준구, 1996).

---

16) 이선우(1997b:304)는 사회적 차별경험에 따른 취업상태를 분석하였다. 이 연구에서 보면, 사회적 차별경험이 없을수록, 그리고 정서적 부담이 없을수록 취업가능성이 높았다.

먼저 노동시장에서의 성별 직무격리와 고용차별은 장애인의 취업에 영향을 미치는 요인이다. 정기원(1996:308)의 연구에 의하면, 장애인들에게서 남성은 노동참여에는 부의 효과를 나타내는 반면에 임금에는 정(正)의 효과를 나타내었다. 이는 남성의 취업률도 40% 수준밖에 되지 않음에 따른 것으로 보인다는 것이다. 임금에 정의 효과를 보인 것은 임금상의 남녀차별 현상이 장애인의 노동공급 행태에도 반영되고 있음을 의미한다는 것이다.

취업에 있어서 영향을 미치는 것으로 노동시장인 지역을 들 수 있다(Spence, 1974:7). 노동자에 대한 편견은 지역에 따라 달라질 수 있고, 장애인들의 취업도 그 지역에 따라 달라질 수 있다(Becker, 1971:16). 즉 기업이 소재하고 있거나 노동자가 거주하고 있는 지역마다, 나라마다 달라질 수 있다. 또한 그 지역이 농촌이냐 아니면 도시이냐에 따라 장애인취업에 있어서 상황적 여건이 달라질 수 있다(Becker, 1971:104-106). 이것은 도시규모에 따라 장애인들이 할 수 있는 직무의 종류와 일자리의 수가 다르기 때문이다.

노동시장에 관한 연구에서, Mannila(1995:19-25)는 실업률과 지역의 성향을 검토하기 위하여 각 개인의 주거지역을 분석하였는데, 지역의 경제성장 정도가 양호하고 실업률이 낮은 지역일수록 장애인의 취업 확률이 높아진다고 분석하고 있다. 많은 정상적인 사람들이 실업상태에 있고, 고용주들이 잘 교육받고, 생산성이 높은 인력을 원하는 상황에서는 장애인들은 최악의 고용대상으로 인식되기 때문이다(전영평, 2000:281). 즉, 실업률이 낮은 상태의 노동시장에서 장애인의 고용은 기존 노동력을 대체하기보다는 사회의 총고용량을 증대시키는 효과를 가져오게 된다. 그러나 고용과잉상태에 있는 높은 실업상태의 노동시장에서는 노동공급이 늘어난다고 해서 개별기업의 노동력 수요가 확대되지 않기 때문에 문제가 된다. 이런 경우 장애인고용은 기존의 노동력을 대체하게 만들며 사회의 총고용량은 제자리에 있게 마련이다. 그리고 장애인고용촉진을 위한 직업재활투자는 사회적인 총효과라는 측면에서 별 의미가 없어지게 된다(Smith, 1989:171-195; 유동철, 1998:7). 즉, 경제적 여건이 악화되어 전체적으로 실업률이 상승하면 취업률은 떨어지게 되고 이에 따라 특히 노동시장에서 불리한 장애인의 취업가능성도 줄어들게 된다(박우성, 1998:4-11; 이성규, 1998:12-24; 백은령, 1998:33-42). 직무경쟁이론에서 말하는 노동시장의 경직성과 지역실업률의 대리변수인 지역은 장애인의 취업을 결정하는 데에 영향을 미칠 것이다. 그러나 권유경(1998:62-63)의 연구에 의하면, 노동시장의 경직성을 대리하고 있는 지역변수는 장애인의 취업여부에 유의미한 영향을 주지 못한 것으로 나타나기도 하였다.

노동시장에서의 직무구조와 기업규모는 장애인의 취업에 영향을 미치는 요인 중 하나이다. 직무와 관련하여 살펴보자. Soule(1984:105), Spence(1974:7), Johnson과 Baldwin(1993:776-777)은 직무의 종류가 취업에 영향을 미친다고 주장하고 있다. 기업이 장애인을 채용하지 못하고 있다고 보는 이유 중에는 장애인이 담당할만한 직종이 없기 때문이라고 직장인들도 인식하고 있다(한국장애인고용촉진공단, 1996:10; 장인봉, 1999:372; 최소영, 2001:9). 특히 최소영의 연구에 의하면, 고용주가 장애인을 채용하지 못한 이유 중 '장애인에게 적합한 직무가 없다'라고 응답한 비율이 50.6%를 차지하였다. 또한 어수봉(1996a:84-85)의 연구에 의하면, 서비스/판매직이 가장 실업탈출확률이 높으며, 기업의 고용제의가 유의미한 영향을 미치는 직종이라고 말했다. 이경미(1994)의 사례분석에 의하면, 장애인의 고용상 차별은 고위직에서 매우 심하다는 것을 알 수 있다. 어수봉(1996a:83)의 연구에서는 건설업과 금융보험업만이 고용제의에 대하여 유의미한 정(正)의 영향을 미치는 것으로 나타났다.

기업규모도 장애인의 취업에 영향을 미친다고 볼 수 있다. 기업규모가 커질 때 고용제의 확률이 증가할 것이다. 300인 이상 기업에서 장애인의무고용제도가 실시되는 것을 반영한다고 볼 때 기업규모는 장애인취업과 임금수준에 영향을 미친다고 볼 수 있다(어수봉, 1996a:83-90). 또한 취업여부와 관련해서, 대기업은 상당부분 부분적으로 장애를 당한 자신의 과거 피고용인을 재고용하거나 재배치하고 있기 때문에, 외부로부터의 모집은 매우 낮은 수준에 머물고 있다. 그러므로 일반적으로 장애노동자에 대한 기업의 정책은 해당 공장에서 일하다가 장애를 당한 사람들에게 한정되어 있다. 중소기업은 상대적으로 적은 수의 장애인을 고용하지만 상대적으로 많이 외부로부터 모집한다(Delson, 1996). 기업규모가 작을수록 열악한 노동조건, 자금난과 구인난의 문제를 안고 있는 상황 속에서 사업주는 장애인을 비장애인에 대한 차선책으로 고용하려는 경우가 많다. 따라서 기업규모가 커질수록 장애인의 고용가능성은 낮아진다.

4. 수요독점이론

1) 이론적 관점

수요독점이론(monopsony theory)은 노동공급의 탄력성과 관련된 이론이다. 이것은 노동자의 취업가능성이 노동공급의 탄력성에 따라 결정된다는 것을 의미한다. 즉, 노동공급의 측면에서 탄력성이 클수록 취업가능성이 높아지고, 탄력성이 작을수록 취업가능성이 낮아진다는 것이다. 보편적인 수요독점과 수요독점적 차별에 대한 선호 정도는 노동공급의 임금탄력성을 증가시키는데, 특히 차별 집단의 경우에서 더 심하다(Lundhal and Wadensjö, 1984:276). 예를 들어, 여성의 경우 노동공급의 탄력성이 낮아 취업가능성이 낮아지는데, 그 이유는 특정 직종에의 취업을 제한하는 보호입법이라든가, 가족의 주거가 남편의 직장을 따라가는 가부장제적 사회에서는 여성의 발언권이 제한되고 남성이 여성 직업에 대한 지배력을 갖기 때문이라는 것이다. 이러할 경우 여성은 다른 취업기회가 제한되고 있으므로 하나의 일자리가 있을 때 노동공급의 탄력성이 낮게 나타나고, 따라서 저임금에 대한 저항도 남자들보다 약해진다(Lundhal and Wadensjö, 1984:47). 이런 배경하에 고용주는 수요독점적(monopsonistic) 위치에 서서 여성노동자들을 저임금으로 고용할 가능성이 생긴다(이정우, 1997:239).

이것은 장애인의 경우도 비슷하다고 볼 수 있다. 노동이 동질적이며 노동공급이 탄력적이라고 가정할 때, 한 기업에서 비장애인들은 장애인에 비해 노동공급 탄력성이 크기 때문에 장애인들보다 높은 취업기회가 주어진다. 즉 일반적으로 장애인이 비장애인들에 비해 취업기회가 떨어지기 때문에 고용주는 상품시장에서 장애인들의 취업에 있어서 독점성을 가진다(Lundhal and Wadensjö, 1984:23). 또한 그 기업이 독점적인 산업인가, 아니면 경쟁적인 산업인가에 따라 다르며, 시장이 통일적인 노동시장인가 경쟁적인 노동시장인가에 따라 차별이 발생한다(Becker, 1971:161; Lundhal and Wadensjö, 1984:37).

더불어 장애를 가진 노동자들은 장애로 인해 직업선택의 범위가 제한적이고, 물리적 이동이 불편하며, 작업장이나 편의시설 설치여부, 정보의 불완전성 등으로 해서 고용될 수 있는 영역이 한정적이다. 그러므로 장애인을 위한 편의시설이나 작업장을 갖추거나 직무요건상 장애인과 잘 맞는, 그리고 장애인들에게 한정된 영역의 직무를 가진 고용주들은 장애노동자에 대한 독점권을 갖게 된다. 또한 다른 곳으로 이동할 가능성도 제한되어 있기 때문에 그 기업은 장애노동자에 대한 수요독점적 지위를 갖게 된다(Lundhal and Wadensjö, 1984:49)[17]. 예를 들면, 고용주는 인종적 집단들에 따라 고용규칙, 임금수준을 독점적으로 결정할 수 있다. John Roemer(1979:695-705)에 따르면, 노동자들의 협상력은 그 노동력이 인종적으로 동질적일 때 가장 크며, 그 협상력은 고용주들이 낮은 임금 또는 더 낮은 임금을 설정할 가능성을 높을 때 커진다. 이 이론에 따르면 장애인은 그 협상력에서 인종적인 것이 아니더라도 신체적인 결함이 있는 집단에 속하므로 건강한 비장애인들보다 낮다고 할 수 있다. 또한 임금에 있어서도 더 낮은 임

---

17) 급진노동시장 이론에서 주장하고 있다.

금을 지불 받을 수밖에 없다. 따라서 장애인이 기대하는 임금수준보다 훨씬 적은 임금을 제시받을 가능성이 크다. 그러므로 장애인은 기대임금수준과 실제임금수준과의 차이로 인하여 취업을 꺼릴 수도 있다. 즉, 고용주는 이러한 방법으로 장애인들에게 차별하는 것이 이익이 된다 (Lundhal and Wadensjö, 1984:49).

따라서 이 이론에 따르면, 장애인들은 노동공급의 탄력성이 적기 때문에 취업에 있어서 제한적이며, 고용주들은 이들 장애인에 대해 수요독점적 지위를 갖게 된다. 또한 장애인들 사이에 있어서도 노동공급의 탄력성에 차이가 있으며, 이러한 노동공급의 탄력성 차이에 따라 고용주들은 각기 다른 수요독점적 지위를 갖게 된다고 볼 수 있다. 즉 장애인들 사이에서도 활동가능성이 크거나 지식이나 기술의 활용가능성이 클수록 노동공급의 탄력성이 타 장애인들보다 클 것이기 때문에 협상력에 있어서도 타 장애인들에 우선하게 된다는 것이다. 이러한 독점적 지위에 있는 고용주들은 장애 정도에 따라 차별을 하는 것이 자신들에게 이익이라고 생각한다는 것이다. 그러므로 고용주들은 이윤 때문에 장애인을 차별하는 것이며, 장애인에 대한 편견을 가질 필요는 없고, 단지 장애인에 대해 호의적이지 않을 뿐이다.

수요독점이론에 따르면, 경제적 관점에서 장애인의 취업에 영향을 미칠 것이라고 여겨지는 요인으로는 실업률과 같은 시장의 상황을 들 수 있다(Soule, 1984:40-46; Davis, 1997:173). 즉 실업률이 높은 상황에서 기업은 노동자에 대한 수요독점적 지위를 갖게 될 가능성이 많아지게 된다. 또한 장애인전용기업의 경우, 장애인들의 취업에 있어서 수요독점적 지위를 갖게 된다. 그러므로 수요독점이론에 따르면, 기업의 수요독점적 지위는 비장애인뿐만 아니라 장애인들의 취업에 있어서도 중요한 영향을 미칠 수 있다. 즉 장애인전용기업의 직무 수는 한정되어 있지만 취업하려는 장애인은 많은 경우 고용주는 장애인에 대해 수요독점적 지위를 갖게 되며, 이들에 대한 차별을 하게 된다고 할 수 있다. 권유경(1998:62)의 연구에 의하면, 노동시장요인 중 장애인관련기업에서는 장애인의 취업가능성은 줄어든다는 것을 나타내고 있다. 이 연구에 따르면, 장애인관련기업 여부는 장애인취업에 대해 부(負)적인 방향에서 유의미한 영향을 미치는 것으로 나타났다. 즉 장애인관련기업은 비장애인과의 경쟁에서 어느 정도의 보호를 받을 수 있으며, 또한 편의시설 등 장애인의 생산성을 보완해 줄 수 있는 자원을 비교적 많이 확보하고 있기 때문에, 제한된 일자리에 비해서 취업을 원하는 장애인의 노동공급은 많을 것이므로 수요독점적 관계가 형성된다는 것이다.

그러나 이러한 경쟁노동시장에 있어서 수요독점적 지위를 제한하는 것이 법과 제도이다. 이 법과 제도가 얼마나 잘 갖춰져 있는가가 장애인의 취업에 영향을 미친다고 볼 수 있다(송건섭·이곤수, 1998:111-112). 예를 들면, 장애인고용촉진법, 장애인직업훈련과 직업알선에 관한 제도적 구비와 이 제도들의 강제성이 장애인에 대한 기업의 수요독점적 지위를 약화시키게 된다고 할 수 있다. 그러므로 장애인들을 위한 직업훈련과 직업알선제도의 구비 등 제도적 장치의 구비는 장애인의 취업에 영향을 미치게 된다고 할 수 있다. 이러한 제도적 장치를 쉽게 접할 수 있는 환경에서의 장애인취업가능성은 더 커진다고 할 수 있다.

2) 경험적 연구

노동시장에서의 성적 차별은 장애인의 취업에 영향을 미치는 요인이다. 정기원(1996:308)의 연구에 의하면, 장애인들에게서 남성은 노동참여에 부의 효과를 나타내는 반면에 임금에는 정(正)의 효과를 나타내었다. 그러나 권유경(1998:61)에 의하면, 성별에 따라 장애인의 취업에 유의미한 영향을 미치지 않는 것으로 나타났다. 또한 이선우(1997:300)의 연구에서도 성별이 취업여부에 미치는 영향은 유의미하지 않은 것으로 나타났다.

경쟁노동시장에 있어서 수요독점적 지위를 제한하는 것이 법과 제도이다. 이 법과 제도가 얼마나 잘 갖춰져 있는가가 장애인의 취업에 영향을 미친다고 볼 수 있다(송건섭·이곤수, 1998:111-112). 송건섭과 이곤수(1998:103-121)의 연구에 의하면, 지방정부에의 장애인취업에 있어서 법제도적 요인이 통계적 유의성을 가지고 있는 것으로 나타났으며, 법제도적 요인이 장애인취업에 정(正)의 방향에서 유의미한 영향을 미치는 것으로 나타났다.

장애인취업에 영향을 미치는 요인으로서 장애인관련기업 여부와 지역 변수에 관한 것으로써 권유경(1998:62-63)의 연구를 살펴볼 수 있다. 이 연구에 의하면, 장애인관련기업여부는 부(-)적인 방향에서 유의미한 영향을 미치는 것으로 나타나 수요독점이론에 부합하는 결과를 보여주었지만, 노동시장의 경직성을 대리하고 있는 지역변수는 장애인의 취업여부에 유의미한 영향을 주지 못한 것으로 나타났다.

제3절 기존이론에 대한 평가

앞에서 서술한 각종 이론이 현실 사회에 완벽하게 적합하다고 할 수 없다. 이들 이론에 있어서는 몇 가지 단점들이 있다. 무엇보다도 취업에 있어서의 각 이론적 관점은 각 이론에서 중시하는 변수 이외의 중요한 변수들을 간과하고 있다는 지적이 있다. 이는 인적 자본이론, 선별이론, 직무경쟁이론, 수요독점이론 모두에서 제기될 수 있다.

1. 인적 자본이론에 대한 평가

인적 자본요인을 중시하는 인적 자본론은 노동생산성을 강조하고 인적 자본만이 취업결과에서 높은 비중을 차지하고 있다고 보고 있으며, 이러한 요소들에 중점을 두어 제시한 이론이다. 그 결과 취업에 영향을 미치는 요인을 인적 자본요인에 한정하여 연구하게 되었다. 즉, 인적 자본요인의 향상은 곧바로 취업과 연결된다는 단순한 편견에 사로잡혀 있다는 것이다.

인적 자본이론에 대한 비판을 구체적으로 보면 다음과 같다(이정우, 1996:106-109). 첫째, 인적 자본이라는 개념 자체에 대한 근본적인 비판이다. 인적 자본이론은 자본제적 생산이 대등한 여러 생산요소의 결합에 의해 이루어지는 것처럼 묘사함으로써 자본가와 노동자 사이의 계급관계를 무시하고 있다. 둘째, 노동의 공급측면만을 중시한 나머지 수요측면을 무시하고 있다. 셋째, 노동시장에서의 차별을 충분히 설명하지 못하고 있다. 인적 자본이론은 인종 내지 성적 차별을 분석하기에는 불충분하고, 역사적, 제도적, 사회적 제 요인을 고려하지 않고 있다. 넷째, 교육이 사람들의 인지능력을 증진시킴으로써 생산성을 높인다고 가정하고 있는데, 이 가정은 옳지 않다(이창헌, 2001:265). 즉 교육은 인식능력보다는 참을성, 복종, 사교성, 기율(紀律) 등 작업장에 적합한 성격을 형성시킴으로써 노동자의 생산성을 높이는 측면이 더 중요하다는 것을 간과하고 있다. 다섯째, 환경적 요인, 제도적 요인, 가정에서의 유아기 투자 또는 양육방법의 차이를 무시하고 있다. 이처럼 인적 자본이론은 여러 가지 측면에서 비판받고 있다.

2. 선별이론에 대한 평가

선별이론은 인적 자본이 단순히 선별도구로써 작용한다고 주장하는데 문제가 있다. 선별이론에 따르면 고용주는 응시자에 관한 정보가 부족하기 때문에 이러한 정보의 부족으로 인한 생산성 정도의 불확실성을 감소하기 위하여 인적 자본을 선별도구로서만 중요시할 뿐이다. 또한 선별이론에 따르면 고용주들은 인적 자본을 많이 갖춘 노동자가 일반적으로 생산성이 높다는 편견을 가지고 있기 때문에 이들을 선호하게 된다.

그렇지만 높은 수준의 인적 자본을 가진 노동자라고 해서 모두가 노동생산성이 높다고 할 수는 없다. 그리고 취업과 고용을 이러한 인적 자본으로만 설명한다는 것은 불가능하다. 고용과 취업은 노동공급적 측면과 노동수요적인 측면이 동시에 이루어지는 과정이라고 할 수 있기 때문에, 노동시장요인에 대한 고려를 경시할 수 없다. 그러므로 선별이론은 노동공급의 측면과 단순한 선별에 대한 것에 집착하였으며, 다른 외부적인 환경에 대해서는 간과한 경향이 있다고 할 수 있다. 이 이론에 문제점을 구체적으로 보면 다음과 같다(이정우, 1996:118-119). 첫째, 사람의 능력을 그냥 주어진 것으로 보는 것은 옳지 않다. 이 선별이론에 의하면 인간의 능력은 계발될 필요는 없고 발견될 필요가 있을 뿐이라고 보는데, 이는 너무 지나친 생각이다. 둘째, 교육이 전혀 생산성을 높이지 않는다고 보는 것에는 무리라는 것이다. 교육 중에서도 특히 전문, 직업교육은 분명히 생산성과 관련이 있다고 보아야 한다. 셋째, 생산성에 있어 외부성을 고려하지 않았다는 것이다. 이러한 점에서 선별이론은 비판을 받고 있다.

3. 직무경쟁이론에 대한 평가

직무경쟁이론에 의하면, 취업결정요인으로서 직무를 강조하고 있다. 이 이론에 따르면, 직무의 수는 제한되어 있는데 노동공급자인 구직자의 수가 많아 과잉공급이 일어나므로, 대기행렬에서 앞에 있는 순서대로 고용된다고 본다. 즉, 고용주는 낮은 훈련비용을 요구하는 노동자를 우선적으로 채용하려는 경향이 있으며, 이 훈련비용을 예측하기 위하여 연령이나 교육수준 등의 인적 자본을 요구한다. 이러한 직무의 훈련가능성이 같을 경우 고용인을 결정하는 마지막 순서는 주관적 선호의 역할이 요구된다. 이 경우 건강한 남성이 아닌 여성노동자, 흑인, 또는 장애인인 경우에는 취업가능성이 매우 낮다고 할 수 있다.

그러나 모든 노동자가 이러한 능력과 자질들의 특성을 기준으로 줄을 서 있는 것은 아니며, 모두가 이 대기행렬의 순서대로 취업을 하는 것도 아니라는 점을 경시하고 있다. 또한 노동시장의 완전경쟁을 전제로 하고 있기 때문에, 독점적 시장인 경우나 비경쟁적인 시장에서의 경우를 간과하고 있다.

4. 수요독점이론에 대한 평가

수요독점이론에 의하면, 노동이 동질적이며 노동공급이 탄력적이라고 가정할 때, 기업은 여성, 흑인, 또는 장애인 등이 건강한 남성에 비해 낮은 노동공급 탄력성을 가졌기 때문에 이들에 대한 수요독점적 지위를 갖게 된다.

그러나 여성전용기업에서의 여성노동자 간의 경쟁 혹은 장애인전용기업의 경우에 있어서의 장애인노동자들 간의 경쟁의 경우는 남성, 혹은 비장애인과의 관계에서 이들의 노동공급에 있어서 독점적 지위를 갖게 된다는 것을 간과하고 있다고 할 수 있다. 또한 여성차별금지법이나 장애인고용촉진법 등과 같은 제도적인 장치가 앞에서 서술한 기업의 수요독점적 지위를 감소시킬 수 있다는 것을 고려하지 않고 있다. 이러한 것을 경시했다는 점에서 수요독점이론은 비판을 받고 있다.

제3장 조사설계

제1절 연구모형의 설정

인적 자본론에서 도출된 취업에 영향을 미치는 요인으로는 성별, 건강, 연령, 교육 정도, 경력, 자격증과 기술, 직업훈련 등이 있다. 이들 요인들은 노동자의 생산성을 향상시키기 때문에 이러한 인적 자본이 많을수록 취업에 유리하다. 그리고 선별이론에서 논의된 취업에 영향을 미치는 요인으로는 노동자가 가지고 있는 인적 자본이나 개인적 속성은 생산성을 높인다기보다는 고용주가 종업원을 선발할 때의 선발도구로만 작용한다. 특히 종업원 선발 시 고용주가 갖고 있는 편견이나 선입견이 많이 작용한다. 또한 고용주에게 편견을 유발할 수 있는 것으로서 전통과 관습이라는 문화적 환경이 노동자의 취업에 영향을 미친다. 그러므로 고용주의 편견이 심할 경우 장애인들은 취업의 기회가 적을 것이라고 본다.

직무경쟁이론에서 도출된 장애인의 취업에 영향을 미치는 요인으로는 성별, 실업률을 나타내고 노동시장의 경직성을 나타낼 수 있는 지역규모 등이 있다. 이들은 노동시장의 경직성과 대기행렬로 설명되고 있는데, 여성이나 장애인의 경우 대기행렬의 맨 마지막에 위치해 있으며, 이들은 노동탄력성이 작기 때문에 취업의 기회가 적다. 수요독점이론에서 취업에 영향을 미칠 것으로 제기되는 요인으로는 고용주의 수요독점적 지위를 제한할 수 있는 제도적 장치이다. 고용주는 여성이나 장애인들에 있어서 수요독점적 지위를 갖고 있기 때문에 정부는 이를 완화시키기 위해 이들의 취업을 촉진하는 제도적 장치를 마련한다.

이처럼 각 이론에서 도출된 장애인들의 취업에 영향을 미치는 것으로는 건강, 연령, 교육 정도, 경력, 자격증과 기술, 직업훈련, 문화적 차별, 사회적 차별, 취업촉진을 위한 제도적 장치, 지역규모, 성, 인종, 연령 등 여러 요인들이 있다.

지금까지 논의된 각각의 이론적 특성과 취업결정요인을 요약하면 〈표 3-1〉과 같이 나타낼 수 있다.

〈표 3-1〉 장애인취업의 결정요인에 관한 이론

구 분		내 용	취업결정요인	비 고
인적 자본론		건강, 능력 등의 인적 자본 향상 -〉생산성향상-〉취업가능성 증대	건강, 교육, 경력, 자격과 기술, 직업훈련, 성별, 연령, 인종	건강도 인적 자본에 포함
선별이론	선별론	인적 자본 향상-〉고용가능성 증가 (생산성향상과 무관), 단지 인적 자본은 선별도구로서만 작용	건강, 교육, 경력, 자격과 기술, 직업훈련, 성별, 연령, 인종	장애는 가장 먼저 적용되는 선별기준
	차별론	인적 자본-〉선발도구로 작용, 단 개인적 특성 중 인종, 성별, 교육 정도, 건강상의 장애 등은 생산성에 대한 편견유발요인으로 작용-〉편견이 심할수록 고용기회에 영향	건강, 교육, 경력, 자격과 기술, 직업훈련, 성별, 연령, 인종, 사회적 편견, 전통과 관습	고용주는 장애의 생산성과 비용에 대한 탐구
직무경쟁이론		노동자의 제한된 직무에 대한 경쟁-〉주요선발기준인 노동특성으로 훈련가능성과 훈련비용을 평가, 노동자를 등급화-〉훈련가능성과 비용이 낮을수록 우선적 고용기회 제공	사회적 편견, 전통과 관습, 성별, 직무수, 주거지역규모, 기업규모	장애인들은 서열이 낮은 직무에 집중
수요독점이론		장애인은 직업선택 범위가 제한적-〉기업의 직무에 대한 수요독점적 지위-〉정부의 수요독점적 지위를 완화시키기 위한 취업촉진 장치 구비	건강, 성별, 주거지역, 장애인전용기업, 고용촉진의 제도적 장치	장애인은 노동력 협상에서 협상력이 작음

본 연구는 장애인들의 취업에 있어서 이들 요인들이 어떻게 영향을 미치는지에 대해 검증해 보기 위한 것이므로 각종 변수를 장애요인, 인적 자본요인, 노동시장요인으로 나누어 측정한다. 여기서 인적 자본에 속하는 건강으로서의 장애라는 것을 따로 분리한 이유는 그들이 취업하는 데 가장 먼저 부딪히고 접하게 되는 취업결정요인이며 커다란 비중을 차지하고 있기 때문이다. 즉, 장애인의 장애가 그들의 노동능력과 생산성과 관련된다는 편견과 차별을 유인하기도 하며, 각종 취업환경과 여건에 있어서 비장애인과 달리 우선적으로 적용되는 기준이 되기 때문이다. 또한 비장애인과 장애인 간의 분해 되지 않는 격차만 존재해도 차별의 존재를 논할 수 있으며, 장애인의 인적 자본에 대한 평가를 왜곡시킬 만큼 영향력이 큰 차별적 구조를 갖고 있는 중요한 요인이기 때문이다(권유경1998:83). 따라서 장애가 인적 자본의 건강에 해당되지만 장애인취업에 중대한 영향을 미칠 것이라는 특수성을 감안하여 이를 장애요인이라는 독립적인 요인으로 분리하여 측정한다. 여기서 장애요인은 다시 장애등급, 밖으로의 이동불편, 일상생활불편, 노동제한이라는 변수로 세분한다. 인적 자본요인으로는 교육 정도, 경력, 자격과 기술, 직업훈련으로 한다. 노동시장요인으로는 문화적 차별, 사회적 차별경험, 제도적 장치의 구비 등으로 구성한다.

　이러한 요인들에 따라 본 연구에서는 장애인의 취업결정요인을 분석하기 위해 〈그림 3-1〉과 같은 연구모형을 설정하였다.

〈그림 3-1〉 연구모형

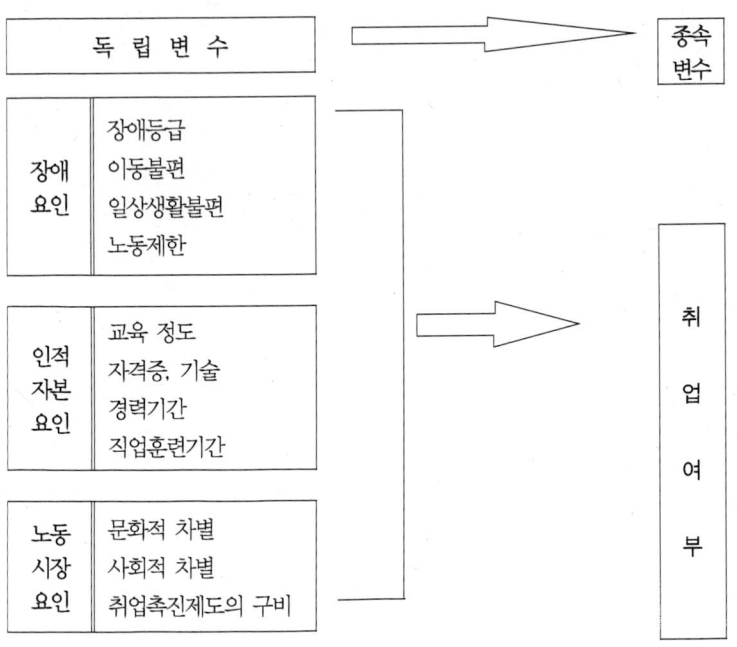

제2절 연구가설의 설정

취업여부는 노동자 개인이 제공하는 노동의 대가를 급여의 형태로 받을 수 있도록 고용되었는지의 여부에 따라 판단한다. 그러므로 장애 인의 취업여부도 그가 노동의 대가로 급여를 받는지의 여부에 따라 판 단한다. 취업은 노동시장에 노동력을 공급하는 측면에서의 인적 자본 요인과 그 노동력을 수요하는 측면에서의 노동시장구조요인 양자의 영향을 모두 받는다. 그러므로 취업에 영향을 미치는 요인을 인적 자본 요인과 노동시장요인으로 나누어 볼 수 있는데, 본 연구에서는 장애인 이 처한 특수성을 고려하여 인적 자본요인을 다시 장애요인과 인적 자 본요인으로 나누고자 한다. 이러한 장애요인, 인적 자본요인, 노동시장 요인을 통하여 장애인취업에 대한 검증 가능한 가설을 설정하였다.

1. 장애요인에 대한 가설

개인적 특성으로서 장애인의 취업여부에 영향을 미칠 수 있는 것은 장애요인이다. 각 이론에 의하면, 건강상태는 취업에 영향을 미치는 중요한 요인 중 하나이다. 장애인에게 있어서 주된 건강문제는 그가 가지고 있는 장애이다. 이러한 장애요인은 노동제한, 장애등급 정도, 일상생활 불편 정도, 밖에서의 이동불편 정도의 네 가지로 나누어진다. 법정 장애 정도라 할 수 있는 장애등급, 장애인들이 일상생활에서 겪 고 있는 일상생활불편 정도, 장애인들이 직업생활을 하거나 구직을 하 는 데 제한을 주는 밖에서의 이동불편 정도, 노동능력에 제한을 주는 노동제한은 장애인 간의 편견을 유발하고, 활동에 있어서 부자유스러 움을 유발함으로써 장애인의 취업여부에 유의미한 영향을 미칠 것으 로 예상된다. 여기서 장애요인에 속할 수 있는 장애유형은 명목척도로 서 판별분석을 하기에는 부적절하므로 일반적인 사회경제적 변인에서 분석하기로 한다.

차별론에 따르면, 장애인의 취업은 장애인이 갖고 있는 장애의 정도에 따라 발생하는 편견 및 차별의 영향을 받는다. 장애로 인한 장애등급 정도가 심할수록 장애인에 대한 편견의 정도가 더 심해진다. 그러므로 장애의 정도가 장애인의 취업여부에 영향을 미칠 것이 예상된다. 또한 밖으로의 이동불편 정도와 일상생활불편 정도는 직장으로의 출퇴근이나 업무수행 준비에 있어서 제한을 주므로 장애인의 취업여부에 영향을 미칠 것으로 예상된다.

장애로 인해 직장생활을 하거나 일하는데 제약으로써 노동시장에서의 활동과 역할을 제한받는 노동제한은 장애인의 취업여부에 유의미한 영향을 미칠 것으로 기대된다. 그러므로 노동제한이 심해질수록 장애인이 고용될 확률은 낮아질 것으로 예상된다. 이처럼 자신의 노동능력에 제한을 주는 정도인 노동제한은 장애인의 취업여부에 큰 영향을 미칠 것이 예상된다.

지금까지의 논의를 토대로 아래의 가설을 설정하였다.

〈가설 1〉 장애요인은 장애인의 취업에 영향을 미칠 것이다.
〈하위가설 1-1〉 장애등급 정도는 장애인의 취업에 영향을 미칠 것이다.
〈하위가설 1-2〉 밖으로의 이동의 불편 정도는 장애인의 취업에 영향을 미칠 것이다.
〈하위가설 1-3〉 장애인의 일상생활불편 정도는 장애인의 취업에 영향을 미칠 것이다.
〈하위가설 1-4〉 노동제한 정도는 장애인의 취업여부에 영향을 미칠 것이다.

2. 인적 자본요인에 대한 가설

장애요인과 더불어 장애인의 취업에 영향을 주는 개인적 특성 요인으로는 노동자의 인적 자본요인을 들 수 있다. 인적 자본론과 선별이론에 따르면, 인적 자본은 장애인의 취업여부에 영향을 미칠 것이다. 인적 자본변수로는 개인적 속성인 노동자의 연령, 교육 정도를 나타내는 교육년수, 직장생활의 경험 정도를 나타내는 경력, 직업훈련을 어느 정도 받았는가를 알 수 있는 직업훈련경력, 노동자가 갖고 있는 자격증과 기술의 보유 개수로 선정하였다. 권유경(1998) 등의 선행연구에 따르면, 장애발생 전의 인적 자본인 연령, 교육, 경력, 직업훈련, 자격증과 기술보유의 변수가 장애인의 취업여부에 유의미한 영향을 주지 못하거나 부적인 영향을 주었으며, 장애발생 후 인적 자본은 장애인의 취업가능성에 정의 영향을 준 것으로 나타났다. 여기서는 장애발생 이전과 이후의 인적 자본을 구분하지 않을 것이다. 그러므로 장애발생 이전과 이후를 막론하고 그가 갖는 인적 자본은 노동능력이 있다는 것을 대변하여 보여줄 수 있다고 보고 본 연구를 진행한다. 본 연구는 인적 자본론과 선별이론에 따라 장애인에게 획득된 인적 자본은 장애인의 취업에 있어서 유의미한 영향을 미칠 것으로 기대한다. 그러나 여기서의 연령변수는 기타 장애인의 일반적인 사회경제적 변인으로 분류하여 분석하기로 한다.

지금까지의 논의를 토대로 아래의 가설을 설정하였다.

〈가설 2〉 인적 자본요인은 장애인의 취업여부에 영향을 미칠 것이다.

〈하위가설 2-1〉 교육 정도는 장애인의 취업여부에 영향을 미칠 것이다.

〈하위가설 2-2〉 경력 정도는 장애인의 취업여부에 영향을 미칠 것이다.

〈하위가설 2-3〉 자격증과 기술의 보유 정도는 장애인의 취업여부에 영향을 미칠 것이다.

〈하위가설 2-4〉 직업훈련 정도는 장애인의 취업여부에 영향을 미칠 것이다.

3. 노동시장요인에 대한 가설

노동시장요인으로는 여러 가지가 있을 수 있다. 장애인이 처한 노동시장의 특성을 알아볼 수 있는 변수로는 성차별, 주거지역의 규모, 문화와 전통, 장애인에게 적당한 직무와 일자리, 실업률, 장애인전용기업여부, 지역규모 등 여러 가지가 있을 수 있다. 그러나 본 연구에서 이러한 여러 변수 중 기업규모, 직무, 장애인전용기업여부 등의 변수는 취업자에게만 해당되는 변수이므로 독립변수에서 제외하고자 한다. 또한 노동시장의 실업률 정도를 나타내는 노동시장에 관한 변수는 시계열분석을 요구하므로 제외한다. 대신 직무의 수를 나타낼 수 있는 지역규모와 성의 변수는 가설을 따로 분류하여 분석한다. 이를 제외한 노동시장요인으로서 전통과 관습의 우호성에 관한 것으로서의 나타내는 문화적 차별 정도, 사회적 차별경험 정도, 직업훈련과 알선에 관한 제도적 구비 정도 등을 이용할 것이다.

직무경쟁이론과 수요독점이론에 의하면, 장애인에 대한 문화와 관습의 우호성 정도, 장애인의 사회적 차별의 경험 정도, 장애인의 취업을 위한 직업훈련과 알선제도의 노동시장요인은 장애인의 취업여부에 영향을 미칠 것이다. 즉, 장애인에 대해 그 지역의 전통과 관습이 어느 정도 우호적인가 비우호적인가를 나타내는 문화적 차별 정도, 장애인이 실제에 있어서 사회로부터 어느 정도 차별을 겪고 있는가를 나타내는 사회적 차별경험 정도, 장애인의 취업을 위해 정부가 어느 정도 제도적 장치를 갖추고 있는가를 나타내는 장애인의 직업훈련과 알선제도 등의 변수는 장애인의 취업에 영향을 미칠 것이라고 기대할 수 있다. 차별론에 의하면, 장애인은 장애를 갖고 있다는 사실만으로 차별이라는 메커니즘을 통하여 독특한 노동시장에 직면하게 된다. 이경미(1994)의 연구에 따르면, 장애인의 취업제약은 자본의 차별화전략에 의한 것이며, 노동시장의 구조적 차별에 의해 만들어지는 것으로 설명하고 있다. 이에 따라 노동시장요인이 장애인의 취업에 어떻게 영향을 미칠 것인지 검토하면 다음과 같다.

장애라는 것을 단순히 개인의 속성으로 여기는 전통적인 관점에서 탈피하여 환경의 맥락 속에서 바라 볼 수 있다. 장애인들에 대한 환경적인 장애물들이 장애관련 결과에 더 중대한 영향을 미친다고 할 수 있다. 이러한 장애인취업의 환경적인 장애물 중 가장 커다란 것은 장애인에 대한 편견과 차별이다. 이러한 편견은 전통과 관습에 의한 문화적 차별을 가져올 수 있으며, 이 문화적 차별은 장애인의 취업에 영향을 미칠 것이다. 정재권·김동연(1988:16)의 연구에 의하면, 한국인의 전통적 의식에서도 볼 수 있다는 것이다. 특히 한국 속담에서 그 차별적 편견이 잘 나타나고 있다는 것이다. 최효진(2001. 3:13)과 최소영(2001. 3:7-8)에 의하면, 장애인에 대한 사회적 편견과 차별이 취업에 있어서 중요한 영향을 미치고 있는 것으로 나타났다. 또한 이선우(1997b:304-305)는 사회적 차별경험에 따른 취업상태가 차이가 있는 것으로 나타났다는 것이다. 즉 사회적 차별경험이 많은 노동자일수록 취업가능성이 낮으며, 사회적 차별경험이 적을수록 취업가능성이 크다는 것이다. 또한 송건섭과 이곤수(1998:103-121)는 장애인취업을 위한 제도적 장치가 장애인의 취업에 영향을 미치는 것으로 나타났다는 것이다. 즉, 장애인의 취업을 장려하거나 이를 지원하는 제도가 잘 갖추어진 정도는 장애인의 취업에 영향을 미친다는 것이다.

지금까지의 논의를 토대로 아래의 가설을 설정하였다.

〈가설 3〉 노동시장요인은 장애인의 취업여부에 영향을 미칠 것이다.

〈하위가설 3-1〉 장애인에 대한 문화적 차별 정도는 장애인의 취업여부에 영향을 미칠 것이다.

〈하위가설 3-2〉 사회적인 차별의 경험 정도는 장애인의 취업여부에 영향을 미칠 것이다.

〈하위가설 3-3〉 장애인의 취업을 위한 제도적 장치의 구비 정도는 장애인의 취업여부에 영향을 미칠 것이다.

제3절 변수의 조작화와 측정

1. 변수의 조작화

1) 독립변수

장애인의 취업에 영향을 미치는 독립변수로는 개인적 특성으로서 장애요인과 인적 자본요인, 노동시장의 구조적 특성으로서의 노동시장 요인으로 나누어 측정하였다.

(1) 장애요인

① 장애등급

기능제한 정도는 각 유형에 따라 측정된 장애등급, 일상생활 불편 정도와 집 밖에서의 이동불편 정도를 사용하였다. 여기서 장애등급은 기능제한 정도의 한 측정방법이다. 구체적으로 살펴보면, 장애를 신체적 장애와 정신적 장애로 구분하고, 신체적 장애를 다시 외부 신체기능장애와 내부기관의 장애로 나눈다. 외부신체 기능장애에는 지체장애, 뇌변병장애, 시각장애, 청각장애, 언어장애가 포함되며, 내부기관의 장애에는 신장장애 심장장애가 포함된다. 정신적 장애에는 정신지체, 정신장애, 발달장애가 이에 포함된다. 기능제한 정도를 측정할 경우 이들 장애를 등급 별로 측정할 수 있다. 장애등급은 장애가 가장 심한 1급부터 장애가 가장 약한 6급까지로 분포되어 있다. 본 연구에서는 장

애가 가장 미약한 6급과 5급을 1로, 4급을 2로, 3급을 3으로, 2급을 4
로, 1급을 5로 하여 분류하였다.

② 이동불편 정도

장애인이 집 밖에서의 이동에 얼마나 불편을 겪고 있는가가 개인적
장애를 측정하는 방법 중에 하나이다. 이것은 장애인개인이 밖에서 이
동하는 데 얼마나 불편을 겪고 있는가라는 질문에 대한 응답인 질적
변수이다. 이러한 밖에서 혼자 이동하는 데 있어서 불편을 어느 정도
겪고 있느냐라는 질문에 대한 자기보고식 응답의 방식으로 측정될 수
있다. 이러한 주관적 응답으로서의 자기보고식 응답에 관한 논의는 여
러 연구에서 검증되어 그 타당성이 입증되어 많이 활용하고 있다. 그
러므로 장애인이 "귀하는 밖에서 이동하는 데 얼마나 불편을 겪고 있
습니까?"에 따라 5점 Likert척도를 이용하여 측정하였다.

③ 일상생활불편 정도

장애인이 개인이 일상생활을 하는 데 있어서 얼마나 불편을 겪고
있는가도 개인적 장애 정도를 측정하는 방법 중에 하나이다. 이것은
장애인개인이 일상생활을 하는 데 얼마나 불편을 겪고 있는가라는 질
문에 대한 응답인 질적 변수이다. 이러한 일상생활불편 정도에 대한
물음에 있어서 자기보고식 응답의 방식으로 측정될 수 있다. 그러므로
장애인이 "귀하는 일상생활을 하는 데 얼마나 불편하십니까?"에 따라
5점 Likert척도를 이용하여 측정하였다.

④ 노동제한

노동시장에서의 장애인의 노동제한을 가장 잘 설명하는 척도로 많이 사용되고 있는 것은 "당신의 장애가 당신이 할 수 있는 일의 종류나 양에 얼마나 제한을 미칩니까?"라는 질문에 대한 응답인 질적 변수이다. 즉 자신의 장애상태와 속성을 고려하여 자신의 노동능력을 장애인 스스로 판단하는 자기보고식(self-reported) 척도이다. 이러한 척도는 Stern, Bound, Baldwin, Zeager & Flacco, 정기원 등에 의해서 많이 증명되고 활용되었다.[18] 장애인이 실제 노동을 하는 데 있어서 얼마나 제한을 겪거나 겪을만하다고 보는가도 또한 직업을 구하거나 직장생활을 하는 데 영향을 미칠 수 있다고 할 수 있다. 이러한 노동제한의 정도를 측정하는 변수는 장애인 본인에 대한 "귀하의 장애가

---

18) Stern(1989:361-395)은 자기보고식 노동제한의 척도가 노동시장에 대한 장애의 효과를 측정하는 데 훌륭한 대리변수라는 것을 검증하였다. Bound(1991:131-133)는 노동능력을 직접적으로 나타내는 척도로서 가장 적합한 것이 자기보고적 제한(limit)변수라고 주장하면서, 다른 객관적 변수를 사용하는 것은 오히려 타당성이 결여된 변수를 그 대리변수로 사용하는 것이라고 설명하였다. Baldwin, Zeager & Flacco(1994:86)의 연구에서도 자기보고적 노동제한변수의 과잉보고의 가능성을 부정하고 있다. 국내에서도 자기보고적 노동제한변수는 장애인의 근로능력을 잘 설명하는 것으로 나타나고 있다. 정기원(1996:264, 309)과 어수봉(1996a:75)의 연구를 바탕으로 하면, 국내에서 '자기보고(self-reported)'적 노동제한은 합리적 변수로 상정할 수 있으며, 노동능력에 제한을 주는 장애 영향을 잘 설명할 수 있는 척도로 사용할 수 있다. 본 연구에서도 노동제한 정도를 측정하는 것 이외에 장애인의 밖으로의 이동불편 정도, 일상생활의 불편 정도, 문화적 차별 정도, 직업훈련 및 알선제도의 구비 정도, 사회적 차별경험 정도 등의 측정에 있어서 이 척도를 이용한다.

현재 하고 있거나 하고자 하는 일의 종류나 양에 얼마나 제한을 미칩니까?"라는 물음에 따라 5점 Likert척도를 이용하여 측정하였다.

(2) 인적 자본요인

주된 인적 자본변수로는 교육 정도, 총경력 정도, 직업훈련 정도, 자격증과 기술의 보유 정도를 사용하였다.

① 교육

교육 정도는 교육청이나 교육부에 등록된 학교의 교육을 받은 기간을 사용하였다. 즉 미취학이면 0, 초등학교 중퇴면 3, 초등학교 졸업이면 6, 중학교 중퇴이면 7.5, 중학교 졸업이면 9, 고등학교 중퇴이면 10.5, 고등학교 졸업이면 12, 전문대 졸업이면 14, 대학교 졸업이면 16 등으로 교육받은 기간을 산정하였다. 그리하여 교육기간을 미취학부터 초등학교 중퇴 이하를 1로 하고, 각각 4년 간격으로 하여 초등학교 와 중학교 중퇴 정도의 교육수준을 2, 중학교와 고등학교 중퇴 정도의 교육수준을 3, 고등학교 졸업 이상 전문대학 졸업수준의 교육수준을 4, 정규대학 졸업 이상의 교육수준 이상을 5라는 변수로 전환하여 사용하였다.

② 경력

경력 정도는 장애인이 직장생활을 한 기간으로 산정하였다. 본 연구에서는 이러한 경력기간을 50개월 단위로 나누어 전혀 없음을 1, 1-50개월 이하를 2, 51-100개월 이하를 3, 101-150개월 이하를 4, 151개월 이상을 5로 변수화하여 사용하였다.

③ 직업훈련

직업훈련 정도는 장애인들이 직업훈련을 받은 기간으로 산정하였다. 직업훈련기간은 각 1개월을 기준으로 하여 5개월 단위로 나누어 변수화하고 있다. 즉, 직업훈련을 전혀 받지 않은 경우를 1, 1-5개월 이하를 2, 6-10개월 이하를 3, 11-15개월 이하를 4, 16개월 이상을 5로 변수화하여 사용하였다.

④ 자격증과 기술

자격증과 기술보유 정도에 대한 질문에서는 자격증과 기술을 보유한 개수에 따라 연속변수화 하였다. 즉 자격증이나 기술을 갖고 있지 않은 경우를 1, 자격증이나 기술이 1개인 경우를 2, 자격증이나 기술이 2개인 경우를 3, 자격증이나 기술이 3개인 경우를 4, 자격증이나 기술이 4개 이상인 경우를 5로 변수화하여 사용하였다.

(3) 노동시장요인

노동시장요인으로는 문화적 차별 정도, 사회적 차별의 경험 정도, 장애인취업촉진제도의 구비 정도를 사용하였다.

① 문화적 차별

비장애인들의 장애인들에 대한 인식으로서 전통과 관습의 장애인에 대한 우호성 정도인 문화적 차별이 장애인들에게는 밖으로 나가 활동하는 데 커다란 부담을 줄 수 있다. 그러므로 장애인에 대한 전통과 문화의 우호성 정도인 문화적 차별 정도는 장애인의 취업에 영향을 미칠 수 있다. 이를 측정하기 위하여 "귀하의 지역사회의 전통과 관습이 장애인들에게 우호적이라고 보십니까?"라는 질문에 대한 응답으로 측정될 수 있다. 그러므로 여기서는 문화적 차별 정도를 자기보고식 척도를 이용한 5점 Likert척도를 사용하였다.

② 사회적 차별의 경험

사회적 차별의 경험 정도는 자기보고식 척도로 측정할 수 있다. 즉, 장애인의 사회적 차별경험 정도의 측정은 자신이 가장 잘 느끼고 있는 장애인 자신이 "귀하는 장애로 인하여 사회로부터 얼마나 차별을 받았습니까?"라는 질문에 대한 응답으로 측정될 수 있다. 그러므로 여기서는 사회적 차별의 경험 정도를 자기보고식 척도를 이용한 5점 Likert척도로 측정하였다.

③ 장애인취업촉진제도 구비

장애인들의 취업에 영향을 미칠 수 있는 것 중에 하나로서 직업훈련제도와 직업알선제도와 같은 장애인취업촉진제도의 구비를 들 수 있다. 이것은 취업에 있어서 직접 부딪치는 것으로서의 중요도를 감안하여 하나의 변수로 선택하였다. 장애인들이 현재의 장애인의 직업재활과 훈련을 담당하는 기관, 직업훈련 직종 등의 제도, 장애인의 취업알선제도, 장애인의무고용제도 등의 구비 정도가 어떠한지를 파악할 필요가 있기 때문이다. 그러므로 "귀하는 장애인들의 취업을 위한 제도(직업재활제도, 직업알선제도, 장애인의무고용제도 등)가 얼마나 갖추어져 있다고 보십니까?"라는 물음에 대한 응답으로 측정될 수 있다. 그러므로 여기서는 직업훈련·알선제도의 구비 정도를 장애인이 느끼는 정도로 측정할 수 있다. 이에 관한 정도를 5점 Likert척도로 측정하였다.

2) 종속변수

본 연구에서는 취업자이면 1, 미취업자이면 0으로 가변수(Dummy Variable)화하여 사용하였다. 여기서 취업자란 노동의 의사가 있는 경제활동 장애인 가운데 노동력을 제공하고 그에 대한 보수를 받을 목적으로 사업장에 고용된 사람을 의미한다. 단, 무급가족종사자의 비임금근로자는 제외한다. 또한 미취업자란 취업을 희망하지만 취업하지 못한 자를 의미한다. 즉 일반적으로 15세 이상 64세 이하의 연령에 있으면서 취업하지 못하여 실업상태에 있는 자를 미취업자라고 정의하였다.

한편 취업자는 조사시점에서 일주일 전까지 소득, 이익, 봉급, 임금 등 수입을 목적으로 1시간 이상 일을 한 사람으로서 조사대상기간 중 일시적 병(가족의 병 포함), 연가 또는 휴가, 노동쟁의, 조업중단 등으로 일을 하지 못한 일시휴직자, 자기에게 직접적으로는 소득이나 수입이 오지 않더라도 가구단위에서 경영하는 노동자, 사업체의 수입을 높

이는 데 돕고 있지만 일정한 보수 없이 자기 가족의 일원이 경영하는
사업체에서 일한 사람 등도 포함한다.

2. 설문지의 구성

지금까지 살펴 본 변수의 조작적 정의에 따른 측정지표를 살펴보았다.
이와 같은 측정지표에 따라 설문지를 구성하였다. 〈표 3-2〉는 본 연구
의 변수에 대한 측정항목으로 구성된 설문지구성을 나타낸 것이다.

〈표 3-2〉와 같이 설문지 구성의 「가~다」까지는 가설변수의 조작적
정의에 따른 설문항목으로 5점척도로 측정하였다. 설문항목 「라」는 설
문응답자의 일반적 특성으로서 기술통계량을 산출하여 표본의 특성을
나타내고자 함이며, 각각 명목척도와 서열척도로 측정하였다. 「마」는
장애인의 취업여부를 알아보고자 단순 명목척도로 측정하고 있다. 마
지막 「바」는 장애인이 취업한 기업의 규모를 측정하기 위한 항목으로
서 명목척도로 측정하였다.

〈표 3-2〉 설문의 구성

변 수	측정항목	설문항목번호	척 도
가. 장애요인	① 장애등급 정도 ② 이동불편 정도 ③ 일상생활의 불편 정도 ④ 노동제한 정도	4 8 9 10	5점척도
나. 인적 자본요인	① 교육 정도 ② 경력 정도 ③ 자격증과 기술 정도 ④ 직업훈련 정도	7 15 14 18, 18-1, 18-2	5점척도
다. 노동시장요인	① 전통과 관습의 호의성 정도 ② 사회적 차별경험 정도 ③ 직업훈련, 알선제도	13 11 12	5점척도
라. 개인적 속성	① 성별 ② 연령 ③ 장애유형 ④ 주거지역규모	2 1 5 3	명목척도
마. 종속변수	취업여부	17	명목척도
바. 기타(취업자)	① 취업한 기업의 규모	17-4	서열척도

제4장 자료 분석

제1절 표본의 신뢰도와 타당도 분석

1. 표본선정

본 연구의 목적은 장애인취업의 결정요인이 무엇이며, 어떠한 영향을 미치는지를 밝히는 데 있다. 즉, 이 연구의 목적이 장애인취업에 관한 여러 이론을 통해 취업에 영향을 미치는 요인을 찾아본 후, 우리나라 장애인의 취업에 어떤 요인이 영향을 미치는지를 살펴보는 것이다. 이를 통하여 장애인의 취업에 있어서 개선할 수 있는 요인이 있는 경우 그 요인에 대한 요건이나 조건을 개선하여 장애인들의 취업에 보탬이 될 수 있는 장애인취업정책을 펼 수 있는 데 기여할 수 있는 긍정적 기능을 지니고 있다. 따라서 본 연구는 장애인취업정책의 효과성 확보라는 차원에서 국내의 전체 장애인을 대상으로 한다.

본 연구의 표본대상이 전국적으로 분포되어 있으므로 인해 전국을 대상으로 '우편배포와 직접 방문배포조사'를 한 후 회수하는 방법으로 실시하였다. 설문방법으로는 자기보고식으로 파악하였으며, 이는 개별 면접을 통한 방법과 자기기입식 설문지를 통한 방법을 병행하여 추진하였다.

본 연구는 일정시점(2001년 11월 1일부터 12월 1일까지)을 기준으로 모든 관련변수에 대한 자료를 수집하는 횡단적 조사[9])를 실시하였다. 그러므로 본 연구는 한 시점에서 표본 장애인들의 취업여부를 나타내는 것은 적정하나 시대의 흐름에 따른 표본들의 취업여부는 파악할 수 없다는 한계를 지니고 있음은 인정한다.

그리하여 이 기간을 통해 총 1,000부의 설문지를 배부하였는데, 235부를 우편을 통해 개인별 주소로 배부하여 89부가 회수되었으며, 직접 면접설문은 765부를 배부하여 325부가 회수되었다. 직접 면접설문은 전국의 각 복지관의 담당직원에 대한 의뢰로 인한 개별면접과 설문조사원의 개별면접을 통하여 조사한 것이다. 이러한 설문결과 회수된 총 설문부 수는 414부였다.

이처럼 전국 각 광역시·도별로 표본을 선정한 것은 우리나라 전체를 나타내는 조사를 하기 위한 것이었으며, 각 시·도별 배부는 장애인인구비율을 고려하였다. 또한 우편설문, 각 복지관 직원에의 의뢰로 인한 설문, 설문조사원의 면접설문으로 한 것은 조사의 시간과 비용의 한계를 고려한 것으로, 이것은 전적으로 '연구자의 편의성'에 근거했음을 밝혀둔다. 설문지 배부 및 회수현황은 〈표 4-1〉과 같다. 〈표 4-1〉과 같이 총 1,000부 배부에 414부 회수로 회수율은 41.4%로 나타났다. 이중 무성의하게 답변한 7부는 자료 분석에서 제외한다.

---

19) 횡단적 연구와 종단적 연구는 시간적 차원에 따른 분류이다. 횡단적 연구는 한 시점을 기준으로 한 연구이다. 이 연구설계는 지리적으로 넓게 분포되어 있고, 연구대상의 수가 많으며, 많은 변수에 관한 자료를 수집하여야 할 필요성이 큰 경우에 적절한 방법으로 이 중 어느 한 가지 조건이라도 만족되면 횡단면적 설계를 사용할 수 있다. 그러나 이 방법은 시간의 흐름에 따라 나타나는 변화를 관찰할 수 없으며, 오직 현재의 상태만을 관찰한다(남궁근, 1998:163-164; 김영석, 2000:67-68).

〈표 4-1〉 설문지 배부 및 회수현황

(단위: 부, %)

구 분	설문지 배부	회 수	비고(무성의 답변)
서울특별시	115	36(31.3)	0
부산광역시	80	32(48.8)	0
인천광역시	70	25(35.7)	0
대구광역시	70	25(35.7)	1
대전광역시	60	13(21.7)	2
광주광역시	85	62(71.9)	1
경기도	70	34(48.6)	0
강원도	40	5(12.5)	1
충청북도	50	10(20.0)	1
충청남도	50	13(26.0)	0
전라북도	50	39(72.0)	0
전라남도	90	77(74.4)	1
경상북도	70	18(26.3)	0
경상남도	80	25(31.3)	0
제주도	20	0(0)	0
합 계	1,000	414(41.4)	7

※ 최근에 광역시로 승격한 울산은 체계적 자료와 정보수집의 미비로 제외되었음.
회수한 총 414부 중 7부는 무성의하거나 무응답으로 인해 분석에서 제외.

2. 표본의 특성

1) 일반적 속성

본 연구는 15세 이상 64세 이하의 경제활동인구로서의 등록 장애인을 연구대상으로 하였다. 분석에 사용된 설문응답자 407명의 특성은 다음의 〈표 4-2〉와 같다.

전체 응답자 407명 가운데, 성별구성은 남성이 295명(72.5%), 여성이 112명(27.5%)으로 응답자의 대부분이 남성으로 구성되어 있다.

응답자의 연령분포는 19세 이하가 8명(2.0%), 20-29세가 106명(26.0%), 30~39세가 149명(36.6%), 40~49세가 102명(25.1%), 50~59세가 27명(6.6%), 60세 이상이 15명(3.7%)으로 20대, 30대, 40대가 대다수인 87.7%를 차지하고 있다.

응답자의 주거지역분포는 대도시가 193명(47.4%), 중소도시가 118명(29.0%), 농어촌이 96명(23.6%)으로 주로 응답자 중 대도시가 가장 많이 차지하였다는 것을 볼 수 있다.

응답자의 장애유형분포는 지체장애가 286명(70.3%), 뇌변병장애가 21명(5.2%), 시각장애가 14명(3.4%), 청각장애가 12명(2.9%), 언어장애가 6명(1.5%), 정신지체가 23명(5.7%), 발달장애가 4명(1.0%), 정신장애가 16명(3.9%), 신장장애가 5명(1.2%), 심장장애가 1명(0.2%), 2가지 이상의 장애를 가진 중복장애가 19명(4.7%)으로 분포하고 있다. 이러한 분포를 볼 때, 응답자 중 지체장애가 가장 많은 부분을 차지한 것을 볼 수 있다.

응답자의 장애등급분포는 장애 정도가 가장 심한 1급이 106명(26.0%), 2급이 119명(29.2%), 3급이 100명(24.6%), 4급이 47명(11.5%), 5급이 24명(5.9%), 그리고 장애 정도가 가장 낮은 6급이 11명(2.7%)으로 나타났다.

응답자의 교육 정도는 미취학자가 13명(3.2%), 초등학교 졸업 또는 중퇴자가 45명(11.0%), 중학교 졸업 또는 중퇴자가 73명(18.0%), 고등학교 졸업 또는 중퇴자가 193명(47.4%), 초급대학을 포함한 대학교 졸업 또는 중퇴자가 71명(17.4%), 대학원 재학 이상이 12명(3.0%)으로 나타났다. 이를 볼 때, 응답자의 32.2%가 중학교 졸업 또는 중퇴의 학력을 가지고 있었으며, 응답자의 67.8%가 고등학교 졸업 또는 중퇴 이상의 학력을 가진 것을 알 수 있다.

<표 4-2> 표본의 일반적 특성

(단위: 명, %)

구 분	내 용	빈 도	비 율
성 별	남성	295	72.5
	여성	112	27.5
	계	407	100
연 령	20대 이하	114	28.0
	30대	150	36.9
	40대	101	24.8
	50대	28	6.9
	60대 이상	14	3.4
	계	407	100
주거지역	대도시	193	47.4
	중소도시	118	29.0
	농어촌지역	96	23.6
	계	407	100
장애유형	지체장애	286	70.3
	뇌변병장애	21	5.2
	시각장애	14	3.4
	청각장애	12	2.9
	언어장애	6	1.5
	정신지체장애	23	5.7
	발달장애	4	1.0
	정신장애	16	3.9
	신장장애	5	1.2
	심장장애	1	0.2
	중복장애(2가지 이상)	19	4.7
	계	407	100
교육 정도	미취학	13	3.2
	초등졸 또는 중퇴	45	11.0
	중등졸 또는 중퇴	73	18.0
	고등졸 또는 중퇴	193	47.4
	대학교졸 또는 중퇴	71	17.4
	대학원 재학 이상	12	3.0
	계	407	100

2) 분포별 속성

표본의 각 분포별 속성은 아래의 〈표 4-3〉, 〈표 4-4〉, 〈표 4-5〉로 나타났다.

〈표 4-3〉 성과 연령별 분포

(단위: 명, %)

	20대 이하	30대	40대	50대	60대 이상	계
남자	64 (21.7)	114 (38.6)	84 (28.5)	19 (6.4)	14 (4.7)	295 (100.0)
여자	50 (44.6)	35 (31.3)	18 (16.1)	8 (7.1)	1 (0.9)	112 (100.0)
계	106 (28.0)	149 (36.6)	102 (25.1)	27 (6.6)	15 (3.7)	407 (100.0)

Chi-Square=24.270, df=4, p=.000

〈표 4-3〉에 의하면 총남자는 295명, 여자는 112명으로 남자가 표본에서 많이 차지하였다. 여기서 남자는 40대 이하가 88.2%를 차지하였는데, 이들 중 30대가 38.6%로 가장 많았다. 또한 여자는 40대 이하가 92%를 차지하였는데 20대 이하가 44.6%로 가장 많이 차지하였다. 전체적으로는 30-39세가 36.6%로 가장 많은 연령분포를 차지하였다.

<표 4-4> 지역과 연령별 분포

(단위: 명, %)

	20대 이하	30대	40대	50대	60대 이상	계
농어촌	25 (26.0)	37 (38.5)	24 (25.0)	10 (10.4)	0 (0.0)	96 (100.0)
중소도시	34 (28.8)	43 (36.4)	26 (22.0)	8 (6.8)	7 (5.9)	118 (100.0)
대도시	55 (28.5)	69 (35.8)	52 (26.9)	9 (4.7)	8 (4.1)	193 (100.0)
계	114 (28.0)	149 (36.6)	102 (25.1)	27 (6.6)	15 (3.7)	407 (100.0)

Chi-Square=8.854, df=8, p=.355

표본의 지역과 연령별 분포를 보면, 〈표 4-4〉와 같다. 〈표 4-4〉에서 보면, 지역과 연령대별 차이는 유의미한 차이를 보이지 않았다.

그러나 표본상의 분포를 보면, 농어촌은 30대가 38.5%로 가장 많이 차지하였으며, 그 다음이 20대 이하(26.0%)와 40대(25.0%)를 차지하였다. 중소도시의 경우는 30대가 36.4%로 가장 많이 차지하였으며, 그 다음이 20대 이하(28.8%)와 40대(22.0%)의 순이었다. 대도시의 경우도 마찬가지로 30대가 35.8%로 가장 많이 차지하였으며, 그 다음이 20대 이하(28.5%)와 40대(26.9%)의 순이었다.

표본의 성과 지역별 분포를 보면, 〈표 4-5〉와 같다. 이 표에서 보면, 성별과 지역별 분포에서는 유의미한 차이를 보이지 않았다.

그러나 이 표본상의 분포를 보면, 설문응답자가 남자의 경우 대도시에서 48.1%로 가장 많았으며, 중소도시(29.2)와 농어촌(22.7%)의 순으

로 구성되었다. 설문응답자 중 여자의 경우는 대도시에서 45.5%를 차
지하였으며, 중소도시(29.0%)와 농어촌(23.6%)의 순이었다.

<표 4-5> 성과 지역별 분포

(단위: 명, %)

	농어촌	중소도시	대도시	계
남자	67 (22.7)	86 (29.2)	142 (48.1)	295 (100.0)
여자	29 (25.9)	32 (28.6)	51 (45.5)	112 (100.0)
계	96 (23.6)	118 (29.0)	193 (47.4)	407 (100.0)

Chi-Square=.473, df=2, p=.789

3. 신뢰도 분석

신뢰도란 동일한 개념에 대해 측정을 반복했을 때 동일한 측정값을
얻을 가능성을 말하는 것이다. 즉, 신뢰성이란 비교 가능한 독립된 측
정방법에 의한 대상을 측정하는 경우 결과가 비슷하게 되는 것을 의
미한다. 그러나 신뢰도는 연구결과의 해석을 위한 필수조건일 뿐 충분
조건은 아니다. 동일한 개념을 측정하기 위하여 여러 설문항목들을 사
용함에 있어서 이들 문항에 대해 일관성이 있는 응답결과를 보인다면
측정의 일관성이 높고 설문항목들이 동질적이라고 본다. 본 연구에서
는 신뢰성 검증에 관한 여러 방법[20] 중에서 우수한 것으로 인정된

Cronbach's Alpha Test를 이용하였다. 이것은 동일한 측정을 위한 항목 간의 평균적 관계에 근거한 항목분석방법으로 Cronbach's Alpha 계수가 0.6 ~ 0.7 이상이면 측정항목들의 신뢰도가 양호한 것으로 본다. 주요 변수에 대한 신뢰성 검증결과는 〈표 4-6〉과 같다.

〈표 4-6〉 주요변수의 신뢰도 검증결과

변수명	항목수	Cronbach's Alpha(α) 계수
장애요인	4	0.7423
인적 자본요인	5	0.6057
노동시장요인	3	0.6015

신뢰도 분석결과 〈표 4-6〉에서 나타난 바와 같이 장애요인은 항목수가 4개이었고, 알파계수는 0.7423이었다. 인적 자본요인은 항목수가

---

20) 다항목 측정 변수에 대한 신뢰도를 검증하기 위해 항목분석이 이용된다. 항목분석방법으로는 측정방식을 고려하여 재검사법 (test-retest method), 복수양식법(parallel-forms technique), 반분법(split-half method), 내적일관성(internal consistency reliability) 등이 있다. 여기서 동일한 측정을 위한 항목 간 평균적인 관계에 근거한 신뢰도 측정방법으로서 내적일관성을 고려한다. 즉 동일한 개념을 측정하기 위한 여러 개의 항목을 이용하는 경우 신뢰도를 저해하는 항목을 찾아내어 측정도구에서 제외시킴으로써 측정도구의 신뢰도를 높이게 된다. 이를 위한 방법으로 Cronbach's Alpha 계수를 많이 이용한다(채서일, 2001:245-250; 강병서 · 김계수, 1998:228).

5개이었으며, 알파계수는 0.6057이었다. 노동시장요인은 항목수가 3개이었으며, 알파계수는 0.6015로 나타났다. 당초 설정한 설문항목들 중에서 Cronbach's Alpha(α) 계수가 모두 0.6 이상으로 나타나 본 연구변수들의 측정을 위해 이를 구성하는 항목들에 대한 산술평균치는 유효하게 이용될 수 있다.

4. 타당도 분석

신뢰도가 높다고 해서 타당도가 높아지는 것은 아니다. 그러나 타당도가 높아지면 신뢰도가 높아지게 된다. 타당도는 측정하고자 하는 것을 제대로 측정할 수 있는 정도를 의미한다. 예컨대, 측정개념이나 속성을 측정하기 위해 개발된 측정도구가 해당 속성을 정확히 반영하고 있는가와 관련된 것이라 하겠다(강병서 · 김계수, 1998:228-229). 이것은 동일한 개념 간의 상관관계가 높아야 하는 집중타당도(convergent validity)와 상이한 개념 간의 상관관계는 낮아야 하는 판별타당도(discriminant validity)의 두 가지로 구분된다. 따라서 요인을 구성하는 항목 간에는 집중타당도가, 요인들 간에는 판별타당도가 중요한 평가기준이 된다. 또한 타당도를 평가하기 위해 동일개념에 대해 두 개 이상의 항목으로 측정했을 때는 다속성 다측정방법(multi-trait multi-method matrix)을, 상이한 개념에 대해 각각 다른 항목을 이용하여 측정한 경우에는 요인분석(factor analysis)이 이용된다(채서일, 2001:262-265). 이 책에서 주요 변수에 대한 타당도 측정방법으로 요인분석을 사용하였다.

〈표 4-7〉에서 Kaiser-Meyer-Olkin 측도는 변수들 간의 상관관계가 다른 변수에 의해 설명되는 정도를 나타내는 것이므로 이 측도의 값으로 요인분석을 위한 변수들의 선정이 좋은가 좋지 못한가를 나타낸다. 즉 전체변수에 대한 표본적 합도를 나타내 준다. 여기에서 Kaiser-Meyer-Olkin 측도가 0.832이므로 요인분석을 위한 변수선정이 대체로 좋은 것으로 판정된다.

그리고 요인분석 모형의 적합성 여부를 나타내는 Bartlett의 구형성 검정치는 '상관관계 행렬이 단위행렬이다'라는 귀무가설을 검정하기 위한 것으로서 귀무가설이 기각되지 않으면 요인분석 모델을 사용할 수 없다. 분석결과의 검정치는 975.433이고, 이 값의 유의수준이 0.000 이므로 귀무가설이 기각된다. 따라서 요인분석의 사용이 적합하며 공통요인이 존재한다고 결론을 내릴 수 있다.

〈표 4-7〉 KMO와 Bartlett의 검정

표본의 적정성에 관한 Kaiser-Meyer-Olkin 측도		.832
Bartlett의 구형성	검정 근사 카이제곱	975.433
	자유도	55
	유의확률	.000

이와 같이 요인분석 적합성의 결과에 따라 각 변수의 요인분석을 하였는데 〈표 4-8〉과 같이 나타났다. 이 〈표 4-8〉에 따르면, 3개의 요인으로 확인되었다.

〈표 4-8〉 독립변수에 대한 회전된 요인분석의 결과

설문문항	요인 1 장애요인	요인 2 인적 자본요인	요인 3 노동시장요인
장애등급	.712		
이동불편	.787		
일상생활불편	.763		
노동제한	.752		
교육 정도		.554	
경 력		.715	
자격증과 기술		.805	
직업훈련기간		.697	
문화적 차별의 인식			.821
사회적 차별 경험			.785
직업훈련·알선제도			.621

〈표 4-8〉에 나타난 결과를 보면, 요인분석에 의한 장애등급, 이동불편, 일상생활불편, 노동제한의 변수가 장애요인에, 교육 정도, 경력, 자격증과 기술, 직업훈련의 변수가 인적 자본요인에, 문화적 차별, 사회적 차별, 제도적 장치의 구비의 변수가 노동시장요인에 선정되었다.

제2절 표본의 기술적 통계량

1. 기술적 분석

본 연구의 측정변수에 관한 기술통계량은 〈표 4-9〉에 제시되어 있다. 〈표 4-9〉에서 나타낸 바와 같이 분포 특성을 보면, 경력, 자격과 기술, 직업훈련, 문화적 차별을 제외한 나머지 변수의 측정항목들은 비대칭도(Sk.)가 평균을 중심으로 음(-)의 값을 가지기 때문에 관측값들이 주로 오른 쪽에 모여 있어서 왼쪽으로 늘어뜨린 꼬리표를 가짐을 알 수 있다.

〈표 4-9〉 전체 기술통계량

변 수	측정항목	평균 (Mean)	표준편차 (Std.)	비대칭도 (Sk.)
장애요인	장애등급	3.53	1.23	-.519
	이동불편	3.30	1.12	-.028
	생활불편	3.52	1.05	-.321
	노동제한	3.78	.99	-.470
	합산평균	3.53	1.09	-.335
인적 자본요인	교육 정도	3.50	.97	-.840
	경력	1.66	.90	1.402
	자격과 기술	2.34	1.41	.734
	직업훈련	1.97	1.31	1.003
	합산평균	2.37	1.15	.575
노동시장요인	문화적 차별	3.11	.78	.047
	사회적 차별	3.29	.88	-.373
	취업촉진제도에 대한 인식	3.39	.97	-.118
	합산평균	3.26	.88	-.444

그리고 평균값을 보면, 장애등급(3.53), 이동불편(3.30), 생활불편(3.52), 노동제한(3.78)은 모두 3점 이상으로 나타났다. 인적 자본요인에서 평균을 보면, 교육 정도는 3.50으로 다른 인적 자본보다 높은 것

으로 나타났으며, 자격증이나 기술의 평균은 2.34, 직업훈련기간(1.97), 경력기간(1.66)의 순으로 나타났다. 노동시장요인에 있어서 취업촉진제도에 대한 인식(3.39)이 가장 부정적인 것으로 나타났으며, 사회적 차별(3.29), 문화적 차별(3.31)의 순으로 나타났다. 이들 모두는 평균 3점 이상으로 나타나 장애인의 취업에 부정적인 작용을 하는 것으로 나타났다. 이것은 장애인에 대한 사회적 인식이 아직도 부정적이며, 장애인의 취업을 위한 제도적 장치가 덜 구비되어 있다고 공감대를 형성하고 있다고 할 수 있다.

표준편차를 보면, 장애요인 중 장애등급(1.23), 이동불편(1.12), 생활불편(1.05), 노동제한(0.99)의 순으로 편차가 낮게 나타났다. 인적 자본요인에서는 자격과 기술(1.41)의 편차가 가장 심하게 나타났으며, 그 다음으로 직업훈련(1.31), 교육 정도(0.97), 경력(0.90)의 순으로 나타났다. 노동시장요인에서는 취업촉진제도에 대한 인식(0.97), 사회적 차별(0.88), 문화적 차별(0.78)의 순으로 나타났으며, 모두 1 이하의 편차를 보여줬다.

2. 집단 간 차이 분석

연구모형에 포함된 변수에 대하여 남자와 여자 간 그리고 주거지역 간에 어떠한 차이를 보이고 있는지를 T-검정과 분산분석을 이용하였다.

〈표 4-10〉 변수별 남자와 여자 간의 차이 분석

구 분		남 자 Mean (Std.)	여 자 Mean (Std.)	T 값	P 값
장애 요인	장애등급	3.45 (1.27)	3.72 (1.12)	-1.997	.046*
	이동불편	3.26 (1.13)	3.42 (1.11)	-1.301	.194
	일상생활불편	3.54 (1.07)	3.48 (1.00)	.485	.628
	노동제한	3.78 (.98)	3.79 (1.02)	-.086	.931
	계	3.5059 (.8500)	3.6027 (.7686)	-1.052	.097
인적 자본 요인	교육 정도	3.51 (1.01)	3.46 (.89)	.522	.602
	자격과 기술	1.77 (.93)	1.38 (.77)	4.045	.000**
	경력기간	2.60 (1.48)	1.66 (.92)	6.293	.000**
	직업훈련기간	2.07 (1.35)	1.69 (1.15)	2.653	.008**
	계	2.5288 (.7186)	2.0893 (.5617)	5.830	.006**
노동 시장 요인	문화적 차별	3.24 (.90)	3.45 (.83)	-2.143	.033*
	사회적 차별	3.34 (.96)	3.53 (.99)	-1.774	.077
	취업촉진제도	3.08 (.78)	3.19 (.80)	-1.183	.237
	계	3.2192 (.6588)	3.3869 (.6462)	-2.305	.853

**:p<0.01, *:p<0.05

〈표 4-10〉은 남자와 여자 간의 차이검증을 분석한 결과이다. 〈표 4-10〉에서 나타낸 바와 같이, 유의수준 $p<0.05$에서 인적 자본요인에 있어서만 남녀 간에 유의미한 차이를 보여주었다. 여기에서 보면 남자가 여자보다 인적 자본의 수준이 약간 높게 나타남을 알 수 있다.

그러나 각 변수별로 남녀 간의 차이를 세부적으로 보면, 자격과 기술, 경력, 직업훈련은 유의수준 0.01에서 유의미한 차이를 보였으며, 장애등급, 문화적 차별은 유의수준 0.05에서 유의미한 차이를 보였다. 그러나 이동불편, 일상생활불편, 노동제한, 교육 정도, 사회적 차별, 취업촉진제도는 남녀 간의 유의미한 차이를 보이지 않았다.

그러나 표본에 있어서 장애요인의 장애등급과 밖으로의 이동하는 데 있어서의 불편 정도를 평균적으로 비교해 볼 때, 여자 장애인이 남자 장애인보다 더 큰 것으로 나타났다. 일상생활에 있어서의 불편 정도는 평균적으로 남자 장애인이 여자 장애인보다 더 크다고 느끼고 있는 것으로 나타났으며, 노동제한에 대한 인식에 있어서는 남녀 장애인이 모두 비슷하게 나타났다.

표본에 있어서 인적 자본요인의 교육수준, 자격과 기술의 수준, 경력 정도, 직업훈련기간을 평균적으로 비교해 볼 때, 이들 모두에 있어서 남자장애인이 여자장애인보다 더 높거나 많은 것으로 나타났다. 즉, 평균적으로 남자장애인이 여자장애인보다 인적 자본을 많이 보유한 것으로 나타났다.

또한 표본에 있어서의 노동시장요인의 문화적 차별, 사회적 차별, 취업촉진제도에 대한 인식 정도 평균적 차이를 남녀장애인 간 비교해 보면, 문화적 차별 정도만이 유의미한 차이를 보였다. 표본에 있어서는 이들 모두에 있어서 평균적으로 남자장애인들보다 여자장애인들이 더 차별이 심하거나 부족하다고 느끼고 있는 것으로 나타났다.

〈표 4-11〉은 주거지역 간의 차이검증을 분석한 결과이다. 〈표 4-11〉에서 나타낸 바와 같이 장애요인과 인적 자본요인은 유의수준 $p<0.01$에서 유의미한 차이를 나타냈으며, 노동시장요인은 유의수준 $p<0.05$에서 유의미한 차이를 나타냈다. 장애요인의 경우, 대도시에서보다 중소도시에서, 중소도시에서보다 농어촌에서 장애가 더 심하다고 느끼는 것으로 나타났다. 인적 자본요인의 경우, 장애요인과 반대로 농어촌에서보다는 중소도시에서, 중소도시에서보다는 대도시에서의 인적 자본의 수준이 높은 것으로 나타났다. 노동시장요인의 경우, 대도시에서보다 중소도시에서, 중소도시에서보다 농어촌에서 장애인에게 더 불리하게 나타난 것으로 나타났다.

각 변수별로 주거지역 간 차이를 세부적으로 보면, 이동불편, 일상생활불편, 노동제한, 교육 정도 등의 변수는 유의수준 0.01에서 지역 간 유의미한 차이를 보였으며, 경력, 사회적 차별 등의 변수는 유의수준 0.05에서 지역 간 유의미한 차이를 보였다. 그러나 장애등급, 자격과 기술, 직업훈련, 문화적 차별, 취업촉진제도 등의 변수는 지역 간 유의미한 차이를 보이지 않았다.

<표 4-11> 변수별 주거지역 간의 차이 분석

구 분		대도시 Mean (Std.)	중소도시 Mean (Std.)	농어촌 Mean (Std.)	F 값	P 값
장애 요인	장애등급	3.79 1.17	3.45 1.19	3.44 1.28	2.949	.053
	이동불편	3.55 1.01	3.36 1.11	3.14 1.16	4.657	.010**
	일상생활불편	3.74 .97	3.63 1.04	3.35 1.08	5.234	.006**
	노동제한	4.05 .89	3.81 .94	3.63 1.04	6.149	.002**
	계	3.3899 (.8584)	3.5614 (.8019)	3.7839 (.7395)	7.585	.001**
인적 자본 요인	교육 정도	3.08 1.05	3.47 .94	3.72 .89	14.396	.000**
	자격과 기술	1.54 .86	1.69 .87	1.71 .94	1.168	.312
	경력기간	2.06 1.40	2.30 1.36	2.51 1.43	3.394	.035*
	직업훈련기간	1.91 1.32	1.80 1.22	2.10 1.36	2.075	.127
	계	2.5233 (.7242)	2.3627 (.6651)	2.2313 (.6826)	5.963	.003**
노동 시장 요인	문화적 차별	3.45 .83	3.27 .91	3.23 .89	1.965	.142
	사회적 차별	3.63 .97	3.36 .97	3.29 .97	3.941	.020*
	취업촉진제도	3.22 .71	3.11 .75	3.06 .83	1.285	.278
	계	3.1952 (.7066)	3.2458 (.5739)	3.4306 (.6341)	4.232	.015*

**: $p<0.01$, *: $p<0.05$

장애요인에 있어서 지역별 차이를 보면, 이동불편 정도, 일상생활불편 정도, 노동제한 정도에 있어서 대도시의 장애인들이 가장 크거나 심하게 느끼고 있었으며 농촌의 장애인들이 보다 덜 심하게 느끼고 있는 것으로 나타났다. 또한 인적 자본에 있어서의 지역별 차이를 보면, 교육 정도, 자격과 기술의 보유 정도, 경력기간, 직업훈련기간 등 모두에 있어서는 오히려 농어촌의 경우가 더 높게 나타났으며, 대도시의 경우가 더 낮게 나타났다. 그리고 노동시장요인에 있어서 지역별 차이를 보면, 대도시의 경우가 중소도시와 농어촌에서의 경우보다 문화적 차별과 사회적 차별이 심하다고 느끼고 있는 것으로 나타났으며, 취업촉진제도의 구비 정도에 대한 인식에 있어서도 대도시의 경우가 중소도시와 농어촌에서의 경우보다 덜 구비되었다고 느끼고 있는 것으로 나타났다.

3. 일반적인 사회경제적 변인의 차이 검증

1) 성별 취업의 차이 분석

직무경쟁이론에 따르면, 노동자들이 갖는 소위 '배경적 특성들'은 어떤 직무수행에 필요한 그 노동자의 훈련비용에 영향을 미친다는 것이다(Thurow, 1975:86). 이 배경적 특성 중에 하나가 그 노동자가 갖는 성(性)이다. 일반적인 경우 발견되는 그 노동자의 서열 순위를 보면, 건강한 남자가 노동시장에서 맨 앞에, 그 다음으로 여성이라고 한다. 이러한 논리는 장애인에게도 마찬가지로 적용될 수 있다. 고용시장의 규모가 작거나 고용시장이 한정되어 있는 경우 장애인은 실업자로 남아 있거나 경제활동 자체를 포기하고 비경제활동인구로 남겨지게 된다는 것이다(권유경, 1998:18). 이 경우 장애인들 사이에서도 여자의 경우는 남자의 경우보다 대기행렬의 순위에서 맨 뒷줄에 위치하게 되므로 여성장애인의 경우는 취업가능성이 더 작다고 할 수 있다. 수요독점이론에 따르면, 여성의 경우 노동공급의 탄력성이 낮아 취업가능성이 낮아진다는 것이다. 즉 여성은 남편의 직장을 따라가는 가부장제적 사회에서는 여성의 발언권이 제한되고 여성 직업에 대한 지배력을 갖기 때문이라는 것이다(Lundhal and Wadensjö, 1984:47). 이런 배경하에 고용주는 여성노동자들에 대해 수요독점적 지위를 갖게 되기도 한다는 것이다(이정우, 1997:237). 이러한 이론들에 비추어 보아 남자 장애인노동자와 여자 장애인노동자 사이에 있어서 취업여부에는 차이가 있을 것이라고 예상된다.

이와 같은 논의에 따라 성별 취업여부에 차이가 있는가를 검증하였다. 그 결과 〈표 4-12〉와 같이 나타났다. 〈표 4-12〉에 따르면, 성별에 따라 취업여부에 차이가 있다고 나타났다. 즉, 아래의 표에서 보는 것처럼, Chi-Square=14.537, p=.000으로 나타나 유의수준 $p<0.01$에서 유의미한 차이가 있는 것으로 나타났다.

〈표 4-12〉 성별에 따른 취업여부

(단위: 명, %)

성별	미취업	취업	계
남자	184 (62.4)	111 (37.6)	295 (100.0)
여자	92 (82.1)	20 (17.9)	112 (100.0)
계	276 (67.8)	131 (32.2)	407 (100.0)

Chi-Square=14.537, df=1, p=.000

위와 같은 연구결과에서, 남자의 취업률은 37.6%, 여자의 취업률은 17.9%로 나타나 남자의 취업률이 여자의 취업률보다 높게 나타났다. 이러한 결과는 비장애인에서와 마찬가지로 장애인에게서도 같은 형태라는 것을 보여주었다.

2) 연령별 취업의 차이 분석

정기원(1996:307-308)은 연령을 장애인의 취업에 중대한 영향을 미치는 변수로 설명하였다. 이 연구에서 노동 가능한 연령인 경제활동인구의 연령계층에서는 장애인에게서도 비장애인과 비슷한 노동공급 행태를 보여주었다. 따라서 연령에 따라 취업에 차이가 있을 것으로 예상된다.

이러한 논의에 따라 연령에 따른 취업여부의 차이를 분석하였는데, 아래의 〈표 4-13〉과 같이 나타났다. 〈표 4-13〉에 따르면, 연령에 따라 취업여부는 차이가 있다고 나타났다. 즉, 아래의 표에서 보는 것처럼, Chi-Square=15.319, p=.009로 나타나 유의수준 p<0.01에서 유의미한 차이가 있는 것으로 나타났다.

〈표 4-13〉 연령에 따른 취업여부

(단위: 명, %)

연령	미취업	취업	계
20대 이하	85 (30.8)	29 (22.1)	114 (28.0)
30대	94 (34.1)	56 (42.7)	149 (36.9)
40대	63 (22.8)	38 (29.0)	102 (24.8)
50대	20 (7.2)	8 (6.1)	28 (6.9)
60대 이상	14 (5.1)	0 (0.0)	15 (3.4)
계	276 (100.0)	131 (100.0)	407 (100.0)

Chi-Square=12.379, df=5, p=.015

위의 표에 따르면, 30대, 40대, 20대의 순으로 취업률이 높은 것으로 나타났으며, 50대와 60대는 취업률이 낮게 나타났다.

3) 주거지역별 취업의 차이 분석

노동시장에 관한 연구에서 Mannila(1995:19-25)는 실업률과 지역의

성향을 검토하기 위하여 각 개인의 주거지역을 분석하였다. 직무경쟁
이론에서 말하는 노동시장의 경직성과 지역실업률의 대리변수인 지역
은 장애인의 취업을 결정하는 데에는 유의미한 영향을 미칠 것이다.
이에 관한 연구로써 권유경(1998:62-63)의 연구는 노동시장의 경직성
을 대리하고 있는 변수로 지역변수를 이용하였다. 그러나 이 연구에
따르면 지역변수는 장애인의 취업여부에 유의미한 영향을 주지 못한
것으로 나타났다. 그러나 본 연구에서는 직무경쟁이론에 따라 이 주거
지역이라는 변수가 장애인의 취업여부에 있어서 유의미한 차이를 가
져올 것이라고 예측할 수 있다.

이와 같은 논의 결과에 따라, 주거지역에 따른 취업의 차이를 검증
하였다. 주거지역에 따라 취업여부에 관련이 있느냐의 여부는 아래의
〈표 4-14〉와 같다. 아래의 〈표 4-14〉에 따르면, 주거지역에 따라 취업
여부는 차이가 있다고 나타났다. 즉, 아래의 표에서 보는 것처럼,
Chi-Square=8.985, p=.011로 나타나 유의수준 p$<$0.05에서 유의미한
차이가 있는 것으로 나타났다.

〈표 4-14〉 주거지역에 따른 취업여부

(단위: 명, %)

주거지역	미취업	취 업	계
농어촌	77 (80.2)	19 (19.8)	96 (100.0)
중소도시	74 (62.7)	44 (37.3)	118 (100.0)
대도시	125 (64.8)	68 (35.2)	193 (100.0)
계	276 (67.8)	131 (32.2)	407 (100.0)

Chi-Square=8.985, df=2, p=.011

위의 분석결과, 농어촌의 취업률은 19.8%, 중소도시의 취업률은 37.3%, 대도시의 취업률은 35.2%로 나타났다. 따라서 농어촌보다는 중소도시와 대도시에서의 취업률이 더 높게 나타났다는 것을 알 수 있다.

4) 장애유형별 취업의 차이 분석

장애유형은 각기 다른 편견을 유발할 수 있는데, 이러한 편견 정도에 따라 장애인의 취업여부가 다르게 나타날 것이다. 그러므로 장애유형에 따라 장애인의 취업여부도 다르게 나타날 것이다. 어수봉(1996a:75)의 연구에 따르면, 장애유형에 있어서 언어·청각장애인의 경우가 다른 장애인의 경우보다 실업탈출확률이 상대적으로 높게 나타나고 있었다. 또한 장애유형은 비장애인들의 장애인들에 대한 편견에도 영향을 미칠 수 있다. 이처럼 편견을 유발하는 장애유형은 다시 취업에 영향을 미칠 수 있다. 그러므로 장애유형에 따라 취업여부에 차이가 있을 것이라고 예상할 수 있다. 정기원(1996:309-310)의 연구에 따르면, 장애유형에 따라 장애인취업에 대한 설명력이 유의미한 차이를 나타냈으며, 장애 정도는 종속변수에 대해 유의미한 차이를 보이지 않아 장애 정도보다는 장애유형이 더 설명력이 있는 변수로 나타나기도 했다. 또한 이선우(1997b:304)의 연구에 따르면, 취업여부에 대해 장애유형은 지체장애를 기준 집단으로 청각장애와 정신지체가 유의미한 차이를 보였는데, 이는 청각장애인은 지체장애인보다 취업가능성이 높게 나타난 반면, 정신지체 장애인은 지체장애인보다 취업가능성이 낮다는 것을 의미한다고 볼 수 있다. 따라서 국내 장애인의 취업여부는 장애유형에 따라 차이가 있을 것으로 예상할 수 있다.

이와 같은 논의에 따라 장애유형에 따른 취업여부의 차이를 분석하였는데, 그 결과는 〈표 4-15〉와 같이 나타났다. 〈표 4-15〉에 따르면, 장애유형에 따라 취업여부는 차이가 있다고 나타났다. 즉, 아래의 표에서 보는 것처럼, Chi-Square=19.899, p=.003으로 나타나 유의수준 p<0.01에서 유의미한 차이가 있는 것으로 나타났다.

<표 4-15> 장애유형에 따른 취업여부

(단위: 명, %)

장애유형	미취업	취 업	계
지체장애	179 (62.6)	107 (37.4)	286 (100.0)
뇌변병장애	20 (95.2)	1 (4.8)	21 (100.0)
시각장애	10 (71.4)	4 (28.6)	14 (100.0)
청각, 언어장애	11 (61.1)	7 (38.9)	18 (100.0)
정신지체, 정신장애, 발달장애	38 (88.4)	5 (11.6)	43 (100.0)
신장, 심장장애	4 (66.7)	2 (33.3)	6 (100.0)
중복장애	14 (73.7)	5 (26.3)	19 (100.0)
계	276 (67.8)	131 (32.2)	407 (100.0)

Chi-Square=19.899, df=6, p=.003

분석결과, 장애유형은 지체장애(37.4%)를 제외하고, 장애가 밖으로 보이지 않는 청각장애와 언어장애(38.9%), 신장장애와 심장장애(33.3%)의 경우는 취업률이 다른 장애유형보다 높게 나타났다. 그러나 정신적 장애라 할 수 있는 뇌변병장애, 정신지체, 정신장애, 발달장애의 경우는 취업률이 낮게 나타났다.

제3절 연구가설의 검증

1. 상관관계 분석

각 변수들 간의 단순상관관계를 분석해 보면 〈표 4-16〉과 같다. 장애등급은 유의수준 0.01에서 이동불편, 일상생활불편, 노동제한, 문화적 차별 인식, 사회적 차별 경험, 취업촉진제도에 대한 인식과 정(+)의 상관관계가 존재하는 것으로 나타났다. 또한 장애등급은 교육 정도, 자격과 기술, 경력기간, 직업훈련기간과는 부(-)의 상관관계가 존재하는 것으로 나타났다.

이동불편은 유의수준 0.01에서 장애등급, 일상생활불편, 노동제한, 문화적 차별 인식, 사회적 차별 경험과 정(+)의 상관관계가 존재하는 것으로 나타났다. 또한 이동불편은 교육 정도, 자격과 기술, 경력기간과는 부의 상관관계가 존재하는 것으로 나타났다. 이동불편과 직업훈련기간과는 유의수준 0.05수준에서 부(-)의 상관관계가 존재하는 것으로 나타났다. 그러나 취업촉진제도에 대한 인식과는 유의미한 상관성을 보이지 않았다.

일상생활불편은 유의수준 0.01에서 장애등급, 이동불편, 노동제한, 문화적 차별 인식, 사회적 차별 경험, 취업촉진제도에 관한 인식과 정(+)의 상관관계가 존재하는 것으로 나타났다. 또한 일상생활불편은 교육 정도, 자격과 기술, 경력기간과는 부(-)의 상관관계가 존재하는 것으로 나타났다. 직업훈련기간과는 유의수준 0.05수준에서 부(-)의 상관관계가 존재하는 것으로 나타났다.

　노동제한은 유의수준 0.01에서 장애등급, 이동불편, 일상생활불편, 화적 차별 인식, 사회적 차별 경험, 취업촉진제도에 관한 인식과 정(+)의 상관관계가 존재하는 것으로 나타났다. 또한 노동제한은 교육 정도, 자격과 기술, 직업훈련기간과는 부(-)의 상관관계가 존재하는 것으로 나타났다. 경력기간과는 유의수준 0.05수준에서 상관관계가 존재하는 것으로 나타났다.

　교육 정도는 유의수준 0.01에서 대부분의 변수와 유의미한 상관성을 보였다. 장애등급, 이동불편, 일상생활불편, 노동제한, 문화적 차별인식, 사회적 차별경험, 취업촉진제도에 관한 인식과는 부(-)의 상관관계가 있는 것으로 나타났으며, 자격과 기술, 경력기간, 직업훈련기간과는 정(+)의 상관관계가 있는 것으로 나타났다.

〈표 4-16〉 전체 변수 간 상관관계

	장애등급	이동불편	일상생활불편	노동제한	교육정도	자격기술	경력기간	직업훈련	문화적차별	사회적차별	취업촉진제도
장애등급	1.000										
이동불편	.406**	1.000									
일상생활불편	.367**	.501**	1.000								
노동제한	.409**	.440**	.421**	1.000							
교육정도	-.191**	-.279**	-.263**	-.254**	1.000						
자격기술	-.181**	-.174**	-.179**	-.191**	.280**	1.000					
경력기간	-.233**	-.170**	-.171**	-.113*	.241**	.429**	1.000				
직훈기간	-.176**	-.115*	-.110*	-.196**	.187**	.437**	.291**	1.000			
문화적차별	.298**	.250**	.328**	.275**	-.253**	-.311**	-.232**	-.257**	1.000		
사회적차별	.248**	.316**	.409**	.341**	-.222**	-.218**	-.174**	-.132**	.474**	1.000	
취업촉진제도	.178**	.096	.167**	.134**	-.138**	-.232**	-.220**	-.337**	.294**	.227**	1.000

**: p〈0.01, *: p〈0.05

자격과 기술은 유의수준 0.01에서 장애등급, 이동불편, 일상생활불편, 노동제한, 문화적 차별인식, 사회적 차별경험, 장애인취업촉진제도에 대한 인식에 있어서는 부(-)의 상관관계가 있는 것으로 나타났으며, 경력기간과 직업훈련기간과는 정(+)의 상관관계가 존재하는 것으로 나타났다.

경력은 유의수준 0.01에서 교육 정도, 자격, 직업훈련기간과 정(+)의 상관관계가 존재하는 것으로, 장애등급, 이동불편, 일상생활불편, 문화적 차별인식, 사회적 차별경험, 취업촉진제도에 관한 인식과는 부(-)의 상관관계가 있는 것으로 나타났다. 경력과 노동제한은 유의수준 0.05에서 부(-)의 상관관계를 보였다.

직업훈련기간은 유의수준 0.01에서 장애등급, 노동제한, 문화적 차별인식, 사회적 차별경험, 취업촉진제도에 관한 인식과는 부(-)의 상관관계가 존재하고, 교육 정도, 자격과 기술, 경력기간과는 정(+)의 상관관계가 존재하는 것으로 나타났다. 이동불편, 일상생활불편과는 유의수준 0.05에서 부(-)의 상관관계가 있는 것으로 나타났다.

문화적 차별 인식은 유의수준 0.01에서 장애등급, 이동불편, 일상생활불편, 노동제한, 사회적 차별 경험, 취업촉진제도에 관한 인식과는 정(+)의 상관관계가 있는 것으로, 교육 정도, 자격과 기술, 경력기간, 직업훈련기간과는 부(-)의 상관관계가 있는 것으로 나타났다.

사회적 차별경험은 유의수준 0.01에서 장애등급, 이동불편, 일상생활불편, 노동제한, 문화적 차별 인식, 취업촉진제도에 관한 인식과는 정(+)의 상관관계가 있는 것으로, 교육 정도, 자격과 기술, 경력기간, 직업훈련기간과는 부(-)의 상관관계가 있는 것으로 나타났다.

취업촉진제도에 관한 인식은 유의수준 0.01에서 장애등급, 이동불편, 일상생활불편, 노동제한, 문화적 차별 인식과는 정(+)의 상관관계가 존재하는 것으로, 교육 정도, 자격과 기술, 경력기간, 직업훈련기간과는 부(-)의 상관관계가 존재하는 것으로 나타났다.

〈표 4-17〉 요인 간 상관관계

	장애요인	인적 자본요인	노동시장요인
장애요인	1.000		
인적 자본요인	-.349**	1.000	
노동시장요인	.459**	-.427**	1.000

**: p〈0.01, *: p〈0.05

각 요인들 간의 단순상관관계를 분석해 보면 〈표 4-17〉과 같다. 이 요인들 간의 상관관계를 유의수준 0.01에서 보면, 장애요인은 인적 자본요인과는 부의 상관관계를, 노동시장요인과는 정의 상관관계가 있는 것으로 나타났다. 인적 자본요인은 두 요인 모두와 부의 상관관계가 있는 것으로 나타났다. 노동시장요인은 유의수준 0.01에서 장애요인과는 정의 상관관계가 있는 것으로, 인적 자본요인과는 부의 상관관계가 있는 것으로 나타났다.

이처럼 변수 간에 있어서 대부분이 상관성이 있는 것으로 나타났다.

2. 가설의 검증

지금까지의 분석은 변수들 간의 상관관계 분석이었기 때문에 장애인의 취업에 영향을 미치는 주요 독립변수들 간의 종합적인 파악이 어려웠다. 따라서 여기서는 본 연구에서 선정한 독립변수들이 장애인의 취업에 어떤 영향을 미쳤는지를 종합적으로 파악하고자 한다. 여기서 다중판별분석을 실시하는 것은 장애인의 취업에 영향을 미칠 수 있는 변수를 모두 고려하여 분석함으로써 개개의 변수들이 취업변수를 어느 정도 설명하는가를 확인하기 위함이다. 다중판별분석을 위하여 각 성과변수의 중앙값을 기준으로 하여 취업과 미취업 집단으로 양분하고, 가설에 포함된 독립변수로서 표준판별분석(Multiple Discriminant Analysis)을 시행하였다.

1) 장애요인에 대한 가설검증

장애의 영향력이 취업과 어떠한 관계로서 차이가 있는지를 검증하기 위하여 다음과 같은 가설을 설정하고 분석하였다.

〈가설 1〉 장애요인은 장애인의 취업에 영향을 미칠 것이다.
〈하위가설 1-1〉 장애등급 정도는 장애인의 취업에 영향을 미칠 것이다.
〈하위가설 1-2〉 밖으로의 이동의 불편 정도는 장애인의 취업에 영향을 미칠 것이다.
〈하위가설 1-3〉 일상생활불편 정도는 장애인의 취업에 영향을 미칠 것이다.
〈하위가설 1-4〉 노동제한은 장애인의 취업여부에 영향을 미칠 것이다.

〈표 4-18〉에서 보는 바와 같이 장애인의 취업변수를 종속변수로 사용했을 경우 장애등급, 이동불편, 일상생활불편, 노동제한 등이 장애인의 취업을 설명해 줄 수 있는 변수로 채택되었으며, 판별함수의 유의수준은 0.05수준에서 유의미하게 나타났다. 또한 〈표 4-19〉에서 보듯

이 판별함수에 의한 적합도는 77.9로 우연확률 (50.00%)의 1.5배인 75%보다 높아 이 판별함수의 분류예측력은 의미 있는 것으로 받아들일 수 있다.

〈표 4-18〉 판별분석결과(장애요인의 경우)

설명변수	Wilks' Lambda	F-값	유의도	표준판별 함수계수
장애등급	.776	116.993	.000	.673(1)
이동불편	.884	53.087	.000	.156(3)
일상생활불편	.854	69.305	.000	.385(2)
노동제한	.894	47.948	.000	.152(4)
Canonical Correlation	.533			
Wilks' Lambda	.716			
Chi-square	134.549			
유의도	.000			

〈표 4-19〉 예측결과

실 제 집 단		예 측 집 단	
집단구분	표본수	미취업	취업
미취업	276	216(78.3)	60(21.7)
취업	131	30(22.9)	101(77.1)

적합도(Hits Ratio) =77.9
우연확률(Cp) =50.00%

〈표 4-18〉에 나타난 설명변수들의 분류예측력을 비교해보면, 장애등

급이 가장 높게 나타났고, 다음이 일상생활불편, 이동불편, 노동제한의 순이었다. 장애등급의 표준판별함수계수도 0.673으로 가장 높아 장애등급이 장애인의 취업여부를 가장 잘 판별해 주는 것으로 볼 수 있다. 그 다음으로는 일상생활불편의 표준판별함수계수가 0.385로 나타나 장애등급 다음으로 장애인의 취업여부를 판별할 수 있도록 해주었다. 그러나 이동불편과 교육 정도의 경우는 표준판별함수계수가 각각 0.156과 0.152로 낮게 나타난 것으로 보아 분류예측력이 낮다고 볼 수 있다.

이러한 결과로 보았을 때, 앞에서 설정한 〈가설 1〉, 〈하위가설 1-1〉, 〈하위가설 1-2〉, 〈하위가설 1-3〉, 〈하위가설 1-4〉는 모두 채택되었다.

2) 인적 자본요인에 대한 가설검증

인적 자본이 취업여부에 어떠한 영향을 미치는가를 검증하기 위하여 다음과 같은 가설을 설정하고 분석하였다.

〈가설 2〉 인적 자본요인은 장애인의 취업여부에 영향을 미칠 것이다.
〈하위가설 2-1〉 교육 정도는 장애인의 취업여부에 영향을 미칠 것이다.
〈하위가설 2-2〉 경력 정도는 장애인의 취업여부에 영향을 미칠 것이다.
〈하위가설 2-3〉 자격증과 기술의 보유 정도는 장애인의 취업여부에 영향을 미칠 것이다.
〈하위가설 2-4〉 직업훈련 정도는 장애인의 취업여부에 영향을 미칠 것이다.

〈표 4-20〉에서 보는 바와 같이 장애인의 취업변수를 종속변수로 사

용했을 경우 교육 정도, 경력, 자격증과 기술, 직업훈련기간 등이 장애인의 취업을 설명해 줄 수 있는 변수로 채택되었으며, 판별함수의 유의수준은 0.05수준에서 유의미하게 나타났다. 또한 〈표 4-21〉에서 보듯이 판별함수에 의한 적합도는 80.3으로 우연확률 (50.00%)의 1.5배인 75%보다 높아 이 판별함수의 분류예측력은 의미 있는 것으로 받아들일 수 있다.

〈표 4-20〉에 나타난 설명변수들의 분류예측력을 비교해보면, 경력이 가장 높게 나타났고, 다음이 자격증과 기술, 직업훈련기간, 교육 정도의 순이었다. 경력의 표준판별함수계수도 0.557로 가장 높아 경력이 장애인의 취업여부를 가장 잘 판별해 주는 것으로 볼 수 있다. 그 다음으로는 자격증의 표준판별함수계수가 0.425로 나타나 경력 다음으로 장애인의 취업여부를 판별할 수 있도록 해주었으며, 직업훈련기관 (0.361)과 교육 정도(0.249)의 순으로 표준판별함수계수가 나타났다.

〈표 4-20〉 판별분석결과(인적 자본요인의 경우)

설명변수	Wilks' Lambda	F-값	유의도	표준판별함수계수
교육 정도	.905	42.393	.000	.249(4)
경력	.743	139.986	.000	.557(1)
자격증, 기술	.754	132.385	.000	.425(2)
직업훈련기간	.828	84.369	.000	.361(3)
Canonical Correlation	.632			
Wilks' Lambda	.600			
Chi-square	205.602			
유의도	.000			

〈표 4-21〉 예측결과

실 제 집 단		예 측 집 단	
집단구분	표본수	미취업	취 업
미취업	276	220(79.7)	56(20.3)
취 업	131	24(18.3)	107(81.7)

적합도(Hits Ratio) =80.3
우연확률(Cp) =50.00%

이러한 결과로 보았을 때, 앞에서 설정한 〈가설 2〉, 〈하위가설 2-1〉, 〈하위가설 2-2〉, 〈하위가설 2-3〉, 〈하위가설 2-4〉 모두가 채택되었다.

3) 노동시장요인에 대한 가설검증

노동시장요인이 취업여부에 어떠한 영향을 미치는가를 검증하기 위하여 다음과 같은 가설을 설정하고 분석하였다.

〈가설 3〉 노동시장요인은 장애인의 취업여부에 영향을 미칠 것이다.
〈가설 3-1〉 문화적 차별 정도는 장애인의 취업여부에 영향을 미칠 것이다.
〈가설 3-2〉 사회적인 차별의 경험 정도는 장애인의 취업여부에 영향을 미칠 것이다.
〈가설 3-3〉 장애인의 취업을 위한 취업촉진제도의 구비 정도는 장애인의 취업여부에 영향을 미칠 것이다.

〈표 4-22〉에서 보는 바와 같이 장애인의 취업변수를 종속변수로 사용

했을 경우 문화적 차별, 사회적 차별, 제도적 구비 등이 장애인의 취업을 설명해 줄 수 있는 변수로 채택되었으며, 판별함수의 유의수준은 0.05수준에서 유의미하게 나타났다. 또한 〈표 4-23〉에서 보듯이 판별함수에 의한 적합도는 69.3으로 우연확률 (50.00%)의 1.25배인 62.5%보다 높아 이 판별함수의 분류예측력은 의미 있는 것으로 받아들일 수 있다.

〈표 4-22〉에 나타난 설명변수들의 분류예측력을 비교해보면, 문화적 차별이 가장 높게 나타났고, 다음이 제도적 구비, 사회적 차별의 순이었다. 경력의 표준판별함수계수도 0.626으로 가장 높아 문화적 차별이 장애인의 취업여부를 가장 잘 판별해 주는 것으로 볼 수 있다. 그 다음으로는 제도적 구비의 표준판별함수계수가 0.615로 나타나 문화적 차별 다음으로 장애인의 취업여부를 판별할 수 있도록 해주었다. 그러나 사회적 차별의 판별계수는 0.130으로 낮게 나타나 장애인의 취업을 설명하는 설명력이 약하다고 할 수 있다.

〈표 4-22〉 판별분석결과(노동시장요인의 경우)

설명변수	Wilks' Lambda	F-값	유의도	표준판별 함수계수
문화적 차별	.833	81.445	.000	.626(1)
사회적 차별	.930	30.413	.000	.130(3)
제도적 구비	.849	72.135	.000	.615(2)
Canonical Correlation	.499			
Wilks' Lambda	.751			
Chi-square	115.545			
유의도	.000			

<표 4-23> 예측결과

실 제 집 단		예 측 집 단	
집단구분	표본 수	미취업	취 업
미취업	276	180(65.2)	96(34.8)
취 업	131	29(22.1)	102(77.9)

적합도(Hits Ratio) =69.3
우연확률(Cp) =50.00%

이러한 결과로 보았을 때, 앞에서 설정한 〈가설 3〉, 〈하위가설 3-1〉, 〈하위가설 3-2〉, 〈하위가설 3-3〉 모두가 채택되었다.

3. 가설 검증결과의 요약

앞에서 장애요인, 인적 자본요인, 노동시장요인의 세 요인으로 상정하여 장애인취업의 결정요인을 분석하였다. 이러한 관계를 분석하기 위하여 앞의 3장에서 설정된 가설의 지지여부는 아래의 〈표 4-24〉와 같다.

먼저 장애요인에 대한 가설에 있어서는 아래의 〈표 4-24〉에서 보는 바와 같이, 장애등급의 장애인취업에 대한 〈하위가설 1-1〉, 이동불편의 장애인취업에 대한 〈하위가설 1-2〉, 일상생활불편의 장애인취업에 대한 〈하위가설 1-3〉, 노동제한의 장애인취업에 대한 〈하위가설 1-4〉는 모두 채택되었다. 그러므로 앞의 〈하위가설〉 모두가 채택된 것으로 볼 때, 장애요인의 장애인취업에 대한 〈가설 1〉은 채택된 것으로 볼 수 있다.

인적 자본요인에 대한 가설에 있어서는 아래의 〈표 4-24〉에서 보는 바와 같이, 교육의 장애인취업에 대한 〈하위가설 2-1〉, 경력의 장애인 취업에 대한 〈하위가설 2-2〉, 자격증과 기술의 장애인취업에 대한 〈하위가설 2-3〉, 직업훈련의 장애인취업에 대한 〈하위가설 2-4〉는 모두 채택되었다. 그러므로 앞의 〈하위가설〉 모두가 채택된 것으로 볼 때, 인적 자본요인의 장애인취업에 대한 〈가설 2〉는 채택된 것으로 볼 수 있다.

노동시장요인에 대한 가설에 있어서는 아래의 〈표 4-24〉에서 보는 바와 같이, 문화적 차별의 장애인취업에 대한 〈하위가설 3-1〉, 사회적 차별의 장애인취업에 대한 〈하위가설 3-2〉, 장애인취업촉진제도의 장애인취업에 대한 〈하위가설 3-3〉는 모두 채택되었다. 그러므로 앞의 〈하위가설〉 모두가 채택된 것으로 볼 때, 장애요인의 장애인취업에 대한 〈가설 3〉은 채택된 것으로 볼 수 있다.

〈표 4-24〉 가설의 검증 여부의 요약

		가 설	채택여부
연구 가설 1	가설 1	장애요인은 장애인의 취업여부에 영향을 미칠 것이다	○
	가설 1-1	장애등급 정도는 장애인의 취업여부에 영향을 미칠 것이다	○
	가설 1-2	밖으로의 이동의 불편 정도는 장애인의 취업여부에 영향을 미칠 것이다	○
	가설 1-3	장애인의 일상생활 불편 정도는 장애인의 취업여부에 영향을 미칠 것이다	○
	가설 1-4	노동제한은 장애인의 취업여부에 영향을 미칠 것이다.	○
연구 가설 2	가설 2	인적 자본요인은 장애인의 취업여부에 영향을 미칠 것이다	○
	가설 2-1	교육은 장애인의 취업여부에 영향을 미칠 것이다	○
	가설 2-2	경력은 장애인의 취업여부에 영향을 미칠 것이다	○
	가설 2-3	자격증과 기술의 보유여부는 장애인의 취업여부에 영향을 미칠 것이다	○
	가설 2-4	직업훈련은 장애인의 취업여부에 영향을 미칠 것이다	○
연구 가설 3	가설 3	노동시장요인은 장애인의 취업여부에 영향을 미칠 것이다	○
	가설 3-1	장애인에 대한 전통과 관습의 우호성 정도는 장애인의 취업여부에 영향을 미칠 것이다	○
	가설 3-2	장애인의 사회적 차별의 경험은 장애인의 취업여부에 영향을 미칠 것이다	○
	가설 3-3	장애인의 취업을 위한 취업촉진제도의 구비 정도는 장애인의 취업여부에 영향을 미칠 것이다	○

제4절 분석결과에 대한 논의

1. 연구모형의 분석결과와 시사점

본 연구모형에 대한 분석결과 장애등급, 이동불편, 일상생활불편, 노동제한 등의 장애요인, 교육 정도, 경력, 자격증과 기술, 직업훈련 등의 인적 자본요인, 문화적 차별, 사회적 차별, 장애인취업촉진제도 등의 노동시장요인이 장애인취업에 영향을 미친다는 연구모형과 이에 대한 가설을 설정한 후 이를 검증한 결과, 이들 모두가 장애인의 취업에 영향을 미치는 것으로 나타났다. 그리고 성별, 연령, 그들의 주거지역, 장애유형 등의 개인적 속성에 따라서도 취업여부에 차이가 있는 것으로 나타나 이들 요인이 장애인의 취업에 영향을 미친 것으로 나타났다. 즉 앞에서 설정한 변수들이 모두 장애인의 취업여부에 영향을 미치는 것으로 나타났다.

이 연구모형의 분석결과에 비추어 보면, 장애인취업은 장애인의 장애와 인적 자본 그리고 노동시장 환경에 의해 결정된다고 할 수 있다. 따라서 정부가 진행해온 장애인취업여건 조성에 있어서 종합적인 정책을 세워야 한다.

장애요인에 따라 취업에 차이가 있는 것으로 볼 때, 장애 정도나 그들의 활동가능 정도에 따라 취업정책을 세분화할 필요가 있다는 것을 볼 수 있다. 특히 장애 정도에 따라 취업지원을 달리하면서 각종 취업직종을 개발할 필요가 있다.

인적 자본에 있어서는 장애인의 교육수준, 경력, 자격과 기술, 직업 훈련 모두가 취업에 영향을 미치지만 교육수준의 향상보다는 이직 예방조치, 자격과 기술습득 지원, 직업훈련 등이 더 많은 영향을 미친다는 고려한 정책수립과 시행이 요구된다. 따라서 장애인들이 이직을 예방하는 조치로서 직장 내 장애인 편의시설 설치 등의 지원이 필요하고, 취업에 필요한 자격과 기술을 습득하도록 직업훈련의 현대적 직종 개발과 지원이 요구된다는 것을 볼 수 있다.

그리고 노동시장요인에 있어서는 문화적 차별과 장애인취업을 위한 제도적 장치의 구비가 중요한 영향을 미치고 있다는 것을 볼 수 있다. 따라서 장애인에 대한 편견과 차별을 제거할 수 있는 문화를 형성할 수 있는 정책을 폭넓게 강구하고 시행해야 하며, 각종 취업을 촉진하기 위한 제도적 장치 즉 직업훈련장치와 직업알선장치를 체계적으로 그리고 장애인들이 쉽게 접할 수 있도록 마련해야 할 것이다.

2. 장애인취업을 위한 과제

1) 장애 예방과 처우 개선

무엇보다도 중요한 것은 장애를 예방하는 것이다. 그와 함께 이미 발생한 장애인들에 대해서는 복지정책을 강구해야 한다. 이들 장애인들이 생계유지와 자아실현 등 인간다운 생활을 위해서는 직업 활동이 요구된다. 장애인들이 직장을 구하는 데는 여러 어려움이 있다. 그중에서 장애 때문에 직장생활을 포기하는 경우가 많다. 즉 장애가 심해서 직장생활을 못한다고 응답한 비율이 높았다.[21] 이처럼 중증장애를 가진 장애인은 취업에 있어서 경증 장애인보다 더 큰 어려움을 겪고 있다. 앞에서 실행한 〈하위가설 1-1〉의 검증에 비추어 볼 때, 장애인 들에 대한 처우에 차별화가 요구된다고 할 수 있다. 따라서 기업이 고용한 장애인들의 장애등급과 장애유형에 따라 기업에 대한 정부의 보조와 지원정책의 수준을 차별화하여야 한다.

또한 〈하위가설 1-4〉의 검증결과에 비추어 볼 때, 장애 정도에 맞는 직무개발이 요구된다. 장애인이 취업을 주저하는 주된 이유 중 하나로 '적합한 직종이 없어서'라고 응답한 경우[22]를 볼 때, 이들에 대한 적합한 직종개발이 우선되어야 할 것이다. 그러기 위해서는 장애유형과 정도를 감안하고 이들의 독특한 욕구체계에 대한 조사를 통해서 이들에 대한 직업훈련과 직무개발을 함으로써 직업선택의 제한을 완화시켜야 한다. 그리고 장애인들이 직장생활을 기피하고 자영업을 선호할 경우 장애인들이 자영업을 보다 쉽게 시작할 수 있도록 재정적 지원의 확대와 장애인직종의 개발이 요구된다.

또한 앞에서 실행한 〈하위가설 1-2〉과 〈하위가설 1-3〉의 검증결과에 비추어 볼 때, 장애인들이 보다 자유롭게 밖으로 이동할 수 있는 장치의 마련방법을 강구해야 할 것이다. 특히 장애인 이동권에 대한 폭넓은 방안을 강구하고 장치를 마련해야 할 것이다. 예를 들면, 장애 정도가 심하여 출퇴근이 어려운 장애인의 경우 이들에 맞는 직종개발과 장애인들도 탈 수 있는 교통수단 도입 등의 방법을 강구해야 할

---

21) 부록 2의 22번 문항을 참조.
22) 부록 2의 22번 문항을 참조.

것이다. 그리고 장애인들이 일상에 있어서 보다 자유롭게 생활할 수
있는 보조적 장치나 재정적 지원방안을 강구할 필요가 있다.

2) 인적 자본의 향상

(1) 교육에 대한 지원

앞에서 실행한 〈하위가설 2-1〉의 검증결과에 비추어 보면, 장애인의
교육 정도는 장애인들의 취업에 영향을 미치는 것으로 나타났다. 장애
인의 교육 정도에 따라 취업에 차이가 있는 것을 보다 구체적으로 보
면, 아래의 〈표 4-25〉와 같다.

〈표 4-25〉 교육 정도와 취업여부와의 관계

(단위: 명, %)

교육 정도	취업여부		계
	미취업	취업	
초등중퇴 이하	19	1	20
	(6.9)	(0.8)	(4.9)
초등 졸업, 중등 중퇴	32	12	44
	(11.6)	(9.2)	(10.8)
중등 졸업, 고등 중퇴	84	11	95
	(30.4)	(8.4)	(23.3)
고등 졸업, 초대 졸업	132	78	210
	(47.8)	(59.5)	(51.6)
대졸 이상	9	29	38
	(3.3)	(22.1)	(9.3)
계	276	131	407
	(100.0)	(100.0)	(100.0)

Chi-Square=62.010, df=4, p=.000

〈표 4-25〉에서 보면, 교육수준이 높을수록 취업의 가능성이 더 큰 것으로 나타났다. 그러므로 장애인들의 교육수준을 높이는 방향으로 나아가야 할 것이다. 장애인들이 정규학교 교육과정이나 특수교육과정을 통해 교육을 더 많이 받을 수 있도록 여건을 형성하는 것이 필요하다. 예를 들면, 장애인들에 대한 취학기회의 확대, 조기교육실 설치와 전문가의 보급을 통한 조기교육의 강화, 진로교육의 강화(이익섭, 1999:63), 장애인들의 각급 학교의 입시제도 개선(서종규, 1996:83), 장애인이 취학 또는 진학하는 경우 이에 대한 학자금의 저리융자, 학교 내에서의 편의시설 확충에 대한 정부의 재정적 지원, 장애인이 진학에 있어서의 불합리한 제도나 관습의 제거를 위한 교육 및 행정적 지원방안 마련, 장애인들이 학교에 취학 및 진학을 용이하게 하기 위해 장애인들에게 적극적 홍보, 장애인교육기관에 대한 정부보조의 확대 등의 조치가 있어야 할 것이다.

(2) 이직률 저하를 위한 대책 강구

앞에서 실행한 〈하위가설 2-2〉의 검증결과에 비추어 보면, 장애인의 경력 정도는 장애인들의 취업에 영향을 미치는 것으로 나타났다. 장애인의 경력 정도에 따라 취업에 차이가 있는 것을 보다 구체적으로 보면, 〈표 4-26〉과 같다.

〈표 4-26〉 직장경력기간과 취업여부와의 관계

(단위: 명, %)

직장경력	취업여부		계
	미취업	취업	
없음	155 (56.2)	2 (1.5)	157 (38.6)
1-50개월	57 (20.7)	42 (32.1)	99 (24.3)
51-100개월	31 (11.2)	30 (22.9)	61 (15.0)
101-150개월	16 (5.8)	18 (13.7)	34 (8.4)
151개월 이상	17 (6.2)	39 (29.8)	56 (13.8)
계	276 (100.0)	131 (100.0)	407 (100.0)

Chi-Square=114.265, df=4, p=.000

〈표 4-26〉에서 보면, 경력기간이 길수록 취업가능성이 큰 것으로 나타났다. 이것은 장애인의 재직기간이 길수록 보다 안정적인 직장생활을 하고 있다고 볼 수 있다. 권선진(1996:9-10)의 연구에 의하면, 실제 이직을 희망하는 장애인이 전체 취업장애인의 약 24.1%로 나타났으며, 이들 중 59.7%가 자영업을 희망하고 있는 것으로 나타나고 있는데, 이직의 이유로는 낮은 임금, 장애인에게 부적합한 직종 또는 힘든 열악한 단순노동의 고됨 때문이라는 것이다. 경력기간이 길수록 전문기술을 획득하여 높은 임금과 안정된 직장생활을 할 가능성이 많지만, 장애인에게는 낮은 임금, 부적합한 직종, 열악한 작업환경으로 인

해 이직과 조기퇴직이 많다는 것이다. 그러므로 장애인고용기업의 작업환경개선에 대한 지원과 세율인하, 장애인 편의시설 설치에 대해 저율의 재정적 지원, 장애인 출퇴근을 위한 교통수단의 구입에 대한 재정적 보조 확대 등이 있어야 한다.

(3) 자격취득을 저해하는 법률의 개선

앞에서 실행한 〈하위가설 2-3〉의 검증결과에 비추어 보면, 장애인이 가지고 있는 자격증과 기술은 장애인들의 취업에 영향을 미치는 것으로 나타났다. 장애인의 자격증과 기술 정도에 따라 취업에 차이가 있는 것을 보다 구체적으로 보면, 아래의 〈표 4-27〉과 같다.

〈표 4-27〉 자격증 · 기술과 취업여부와의 관계

(단위: 명, %)

자격증 · 기술	취업여부		계
	미취업	취업	
0개	211	18	229
	(76.4)	(13.7)	(56.3)
1개	41	67	108
	(14.9)	(51.1)	(26.5)
2개	17	37	54
	(6.2)	(28.2)	(13.3)
3개	5	5	10
	(1.8)	(3.8)	(2.5)
4개 이상	2	4	6
	(0.7)	(3.1)	(1.5)
계	276	131	407
	(100.0)	(100.0)	(100.0)

Chi-Square=143.555, df=4, p=.000

〈표 4-27〉에서 보면, 자격과 기술이 있을수록 취업의 가능성이 더 큰 것으로 나타났다. 그러므로 장애인들은 자격증과 기술을 더 많이 갖추어 나가는 것이 취업에 유리할 것이다. 그러나 장애인이 자격증이나 기술을 획득함에 있어서 각종 자격제도가 갖는 제도적 장벽으로 인해 제한이 따른다.

장애인의 자격 취득을 막고 있는 법률들로는 위생사 등에 관한 법률(제5조), 수의사법(제5조), 건설기계관리법(제27조), 도로교통법(제70조) 등이 있다. 이 법률에서는 정신질환 장애인들의 자격취득에 있어서의 제한을 가져다주고 있다. 이들 유형의 장애인들에게 있어서도 장애 정도에 따라 자격취득을 제한할 필요가 있다. 모든 장애인들에 대해 일률적으로 취급하는 제도상의 장치들을 고쳐 장애인들이 쉽게 자격제도에 접하고, 생업에 종사할 수 있도록 함으로써 장애인들의 소득활동이 보다 용이하도록 해야 한다.

(4) 직업훈련의 강화

앞에서 실행한 〈하위가설 2-4〉의 검증결과에 비추어 보면, 장애인의 직업훈련 정도는 장애인들의 취업에 영향을 미치는 것으로 나타났다. 장애인의 직업훈련 정도에 따라 취업에 차이가 있는 것을 보다 구체적으로 보면, 아래의 〈표 4-28〉과 같다.

〈표 4-28〉에서 보면, 직업훈련 기간이 길수록 취업의 가능성이 더 큰 것으로 나타났다. 그러므로 장애인들이 취업에 유리한 위치에 있기 위해서는 정부는 직업훈련제도를 강화하는 방안을 강구해야 것이다.

장애인들이 직업재활, 직업교육, 직업훈련을 확대하고 질을 높이기 위해서는 다음과 같은 방안을 강구해 볼 수 있다. 첫째, 장애인의 취업확대를 위한 직업재활의 양적인 확충과 질을 높이기 위해서 지역사회 산업체와 특수학교, 직업훈련기관 간의 협조체계를 구축하여 직업에 대한 정보입수와 현장학습이 실시되어야 한다. 둘째, 장애유형과 장애 정도에 따라 적합한 직업훈련 실시, 수요조사를 통한 시대에 맞는 다양한 취업직종 개발, 직업훈련 시설 및 장비 보강, 유능한 교사 확보 등이 필요하다. 셋째, 장애인들이 장애인직업훈련기관뿐만 아니라 일반 직업훈련기관에서의 직업교육과 훈련을 받을 수 있도록 지원을 강화해야 할 것이다. 경중장애인의 경우 비장애인과 같이 직업교육과 훈련을 받을 수 있도록 장애인의 일반 직업훈련기관에서의 교육 및 훈련에 대해 장애인직업훈련원에서와 같은 지원을 해야 한다. 넷째, 농어촌 지역과 중소도시 지역의 장애인들이 쉽게 직업훈련을 받을 수 있도록 소규모의 장애인직업훈련기관 설치나 이들의 직업훈련기관으로의 통학을 도울 수 있는 운송수단의 대체 필요성이 제기된다.

〈표 4-28〉 직업훈련과 취업여부와의 관계

(단위: 명, %)

직업훈련기간	취업여부		계
	미취업	취 업	
0개월	207 (75.0)	32 (24.4)	239 (58.7)
1-5개월	14 (5.1)	22 (16.8)	36 (8.8)
6-10개월	28 (10.1)	36 (27.5)	64 (15.7)
11-15개월	15 (5.4)	28 (21.4)	43 (10.6)
16개월 이상	12 (4.3)	13 (9.9)	25 (6.1)
계	276 (100.0)	131 (100.0)	407 (100.0)

Chi-Square=95.327, df=4, p=.000

3) 노동시장 환경의 개선

(1) 장애인 인식의 개선

〈하위가설 3-1〉과 〈하위가설 3-2〉의 검증결과에 비추어 볼 때, 장애인에 대한 문화적 차별과 사회적 차별은 장애인의 취업에 영향을 미치는 것으로 나타났다. 즉, 장애인에 대한 사회의 전통과 관습이 비우호적인 경우와 사회적 차별이 많다고 인식할수록 취업이 어려운 것으로 나타났다. 이러한 문제를 해결하기 위해서는 장애인에 대한 인식을 바꾸어야 한다.

장애인에 대한 인식을 바꾸기 위해 지금까지 개발되고 시행된 프로그램은 그 형태와 대상에 따라 다양하다. 이들 프로그램에 이용되고 있는 매체의 종류는 그 범위를 넓혀가고 있으며, 그 지속적인 확대가 요구되고 있다(이익섭, 1995:604-605). 이러한 프로그램의 확대는 긍정적인 현상이라 할 수 있다.

그러나 그 대상이 아직 제한적이며, 대상 집단의 특성에 따른 프로그램의 개발과 시행도 미비하다. 대부분의 프로그램이 일반 대중을 대상으로 하는 외에 극소수 즉, 기업계몽이나 특정 집단만을 대상으로 하고 있는 경우가 대부분이다. 그 결과 이러한 매체에 상대적으로 접촉이 제한된 아동이나 학생 등과 같은 집단은 소외됨으로써 장기적 의미에서의 장애인에 대한 가치관 변화를 위축시키고 있다(이익섭, 1995:606). 이러한 장애인에 대한 잘못된 인식의 조기불식을 위해서는 경증장애아동이나 크게 불편하지 않은 지체장애아동의 경우는 일반 초등학교에서의 통합교육이 요구된다.[23]

---

23) 독일의 경우는 장애인과 비장애인 통합생활모델이 취학 이전의 유아교육 단계부터 강력히 관철되고 있다. 특정 조건만 충족되면 장애아동을 위한 유치원에서 비장애아동을 받아들이는 추세가 날로 증가하고 있으며, 비장애아동을 위한 일반유치원도 장애아동에게 개방됨으로써 "통합적 수업 형태가 유치원의 양육 및 교육 작업의 구조적 구성요인으로 발전되어 왔다(홍윤기, 1997a:9). 이러한 통합교육의 당위성을 보면, 첫째는 통합교육을 통해 장애아동에 대한 사회적 태도를 긍정적으로 변화시킬 수 있으며, 둘째는 분리교육이 장애학생에게 미칠 수 있는 부정적인 영향을 막을 수 있다는 것이다. 셋째는 통합교육은 기존의 교육시설을 이용할 수 있으므로 부족한 시설 때문에 적절한 교육을 받지 못하고 있는 장애아들

그리고 장애인에 대한 인식을 개선하기 위한 정부의 행사가 일시적인 것이 아닌 지속적인 관심과 실천을 끌어낼 수 있는 행사가 되어야 한다. 또한 무엇보다 정부기관과 지방자치단체 담당부서 구성원들이 장애인을 보다 잘 이해하려는 노력이 필요하다.

(2) 취업의 연계체계 정비

〈하위가설 3-3〉의 검증결과에 비추어 볼 때, 장애인의 취업을 촉진하기 위한 장애인직업훈련제도, 취업알선제도, 의무고용제도 등의 제도적 장치가 장애인의 취업에 영향을 미치는 것으로 볼 수 있다. 즉, 이러한 제도적 장치가 잘 구비되었다고 인식할수록 취업률이 높게 나타났다. 이것은 장애인취업촉진제도의 혜택을 많이 받은 장애인일수록 취업의 가능성이 크다고 볼 수 있다. 따라서 장애인취업촉진제도의 영향이 고루 미치도록 하여야 할 것이다.

장애인취업촉진제도의 혜택이 고루 미치게 하기 위해서는 먼저 노동수요와 노동공급을 원활히 연결시켜 줄 수 있는 장애인취업전산망

이 아직도 많이 있는 사회적 현실을 생각할 때 통합교육으로의 움직임은 매우 바람직한 현상이다. 한편, 통합교육은 비장애아동들에게도 긍정적인 영향을 미치는 것으로 나타났는데, 장애아동들에게 제공되는 교과과정이나 교수방법에 대한 신중한 배려가 비장애아동들에게도 함께 제공되면서 발달과 행동적 측면에서 혜택을 받는 것으로 나타났다. 그리고 비장애아동들은 장애아동들과의 상호작용을 경험하면서 서로 비슷한 점을 많이 가지고 있는 하나의 개인으로 수용하게 되며, 학교라는 지역사회가 장애아들에게도 포함하고 수용해야 한다는 일종의 사회적인 책임감을 학습하게 된다는 것이다(이익섭, 1999:66-67).

이 갖추어져야 한다. 지금 우리나라의 장애인의 취업알선 지원을 위한 고용관리 전산망은 아직 체계적으로 갖추어져 있지 않아 효율적인 구인·구직정보가 제대로 제공되고 있지 못한 실정이다. 즉 통합된 취업 알선체계를 갖고 있지 못한 상태이다. 취업알선이 공단을 비롯하여 각 장애인관련단체, 장애인고용촉진공단 그리고 노동부에 각각 분산되어 이루어지고 있는 취업알선을 공용의 데이터베이스를 통해 이들 각 기관들 사이에 통합되어 운영할 필요가 있다. 그러므로 여러 부서와 기관에서 맡고 있는 장애인취업알선체계를 현재와 같이 취업알선활동은 공단을 비롯한 각 장애인관련기관에서 하도록 하되 노동부 또는 장애인고용촉진공단으로의 통합하여 주도적으로 실시하여야 할 것이다. 그리고 구직장애인들과 이들의 수요기업체에 관한 통합 데이터베이스망을 구축하는 것이 중요하다. 그와 더불어 취업알선기관과 직업재활 및 훈련기관의 체계적이고 유기적인 연계시스템이 갖추어져야 할 것이다.

그리고 중소기업에의 장애인취업에 대한 지원 확대가 필요하다. 〈표 4-29〉에서 보면, 장애인의 주된 취업회사나 직장의 규모를 보면, 49인 이하의 소규모 기업체나 사업장이다. 이들 기업체에 대해 장애인을 채용함으로써 얻는 여러 가지 혜택이나 지원이 확대되어야 할 것이다.

〈표 4-29〉 장애인이 취업한 기업의 규모

(단위: 명, %)

기업규모(명)	5 이하	6-9	10-49	50-99	100-199	200-299	300-499	500 이상	계
취업자	44 (33.6)	15 (11.5)	44 (33.6)	5 (3.8)	5 (3.8)	9 (6.9)	3 (2.3)	6 (4.6)	131 (100.0)

제5장 결 론

본 연구는 장애인의 취업여부가 어떠한 요인에 의해 결정되는지에 대한 분석을 통하여, 이론적으로 한국 장애인과 노동시장과의 관계를 규명하고 장애인들의 취업여부에 영향을 미치는 요인들을 분석하였다. 그럼으로써 한국 장애인의 낮은 취업률을 해소하기 위한 방안 모색의 근거를 마련하고자 하였다.

특히 장애인으로 구분되며 노동시장의 위치에 가장 큰 영향을 줄 것으로 간주되는 장애요인, 그들이 갖고 있는 인적 자본요인, 그들이 속한 노동시장요인이 그들의 취업에 어떠한 영향을 미치는지를 분석하였다. 이하에서는 본 연구결과를 요약한 후, 본 연구의 한계를 논의하고자 한다.

제1절 연구결과의 요약 및 결론

장애인의 취업여부는 장애인의 장애, 인적 자본, 노동시장을 포함한 노동공급과 수요의 특성에 의해 결정된다. 이에 따라 장애인의 취업여부에 영향을 미치는 요인을 장애요인, 인적 자본요인, 노동시장요인으로 구분하였다. 장애요인은 장애인의 기능제한을 나타내는 장애등급, 그들이 밖에서의 활동제한을 나타내는 밖으로의 이동불편 정도, 그들의 일상생활기능을 나타내는 일상생활불편 정도, 장애로 인하여 제한된 노동능력을 설명하는 노동제한 정도로 나누었다. 인적 자본요인은 교육수준, 경력, 자격증과 기술, 직업훈련으로 나누었다. 그리고 노동시장요인은 장애인이 어떠한 전통과 문화 속에 있는가를 나타내고 있는 문화적 차별의 정도, 사회로부터의 어떠한 차별을 받았는가를 설명하는 사회적 차별경험 정도, 장애인이 취업하는 데 도움을 주는 장애인의 직업훈련과 알선제도 등의 제도적 장치의 구비 정도로 나누었다. 그리고 난 후 이 요인들에 대한 가설을 설정하고 이 가설을 검증하였다.

이러한 가설을 검증한 결과 다음과 같은 사실이 발견되었다. 첫째, 장애인취업의 결정과정에서 가장 중요한 요인은 인적 자본요인이라는 것이다. 인적 자본요인은 장애인의 취업에 있어서 커다란 영향을 미치는 것으로 나타났다. 인적 자본요인 중 교육 정도, 자격증과 기술, 경력, 직업훈련 등은 장애인의 취업에 유의미한 영향을 미쳤다. 이들 영향요인들 중 영향의 정도는 직장경력, 자격증과 기술의 보유 정도, 직업훈련 정도, 교육 정도의 순으로 영향을 미치는 것으로 나타났다.

둘째, 장애요인은 장애인의 취업에 있어서 영향을 미치는 것으로 나타났다. 즉, 장애 정도가 심할수록 장애인의 취업이 어려운 것으로 나타났다. 장애요인 중 장애 정도와 일상생활불편 정도가 장애인의 취업에 있어서 주된 영향을 미치는 것으로 나타났다. 이중 장애 정도가 일상생활불편 정도보다 더 큰 영향을 미치는 것으로 나타났다. 그러나 밖으로의 이동불편 정도와 노동제한 정도는 미미한 영향을 미치는 것으로 나타났다.

셋째, 노동시장요인은 장애인의 취업에 있어서 영향을 미치는 것으로 나타났다. 노동시장요인 중 장애인에 대한 문화적 차별 정도와 장애인의 취업을 위한 직업훈련과 알선제도 등 제도적 장치의 구비 정도는 커다란 영향을 미치지만, 사회적 차별경험 정도는 그다지 커다란 영향을 미치지 못한 것으로 나타났다. 사회적 차별 정도는 장애인들 중 사회활동을 하는 정도에 따라 다르게 나타날 수도 있기 때문으로 추측된다.

넷째, 성별에 따라 취업여부가 다르게 나타났다. 여기서 남성이 여성보다 취업가능성이 더 크다고 할 수 있다. 비장애인과 마찬가지로 장애인에게 있어서도 성적 차별이 적용된다고 볼 수 있다.

다섯째, 연령에 따라 취업여부가 다르게 나타났다. 연령별로 보았을 때, 30대와 40대 그리고 20대의 취업이 많이 나타난 것으로 볼 때, 왕성한 경제활동을 할 수 있는 연령일수록 취업가능성이 더 큰 것으로 나타났다.

여섯째, 주거지역에 따라 취업여부가 다르게 나타났다. 농어촌 지역에서보다는 중소도시와 대도시 지역에서의 취업가능성이 큰 것으로 나타났다.

일곱째, 장애인에 대한 편견과 차별을 야기할 수 있는 장애유형에 따라 취업여부가 다르게 나타났다. 시각적으로 장애가 뚜렷이 나타나지 않는 청각장애는 취업률이 보다 높게 나타났으며, 장애인에 대한 편견과 차별을 많이 나타낼 수 있는 정신지체, 뇌변병장애, 발달장애, 언어장애 등은 보다 취업률이 낮게 나타났다.

이러한 결과로 볼 때, 장애인의 취업을 위해서는 다양한 정책적 방안이 강구되어야 한다. 먼저 장애인의 입장에서 취업을 고려하여 정책을 세워야 한다는 것이다. 그리고 장애인의 취업을 위해 장애 정도와 유형에 맞는 직종의 개발, 장애인의 인적 자본 향상 방안의 강구, 장애인에 대한 사회·문화적인 인식개선, 장애인의 취업을 위한 직업훈련·알선제도와 같은 제도적 개선 등의 복합적인 개선이 요구된다.

본 연구는 장애를 좀 더 세분하여, 한국 장애인의 취업에 미치는 장애의 영향을 실증적으로 검증하였다는 점에서 그 이론적 의의를 찾을 수 있다. 국내의 기존 연구들에서는 다양한 측면을 가지고 있는 장애를 단순히 장애유형이나 장애 정도로만 구분하여 분석하고 있어서 장애의 영향에 대한 다양한 메커니즘을 분석하기에는 부족한 점이 있었다. 이에 본 연구에서는 장애인전체가 직면하는 장애의 영향을 장애등급, 밖으로의 이동불편, 일상생활불편, 노동제한으로 나누어 분석하였다. 여기에 덧붙여 장애유형과 취업여부와의 관계를 분석하였다. 또한 장애인취업여부의 결정메커니즘을 실증적으로 분석함을 통하여 인적자본과 노동시장을 설명하고, 이들 이론을 좀 더 정교화 했다는 점에서 그 이론적 의의를 더한다. 이것은 장애인이기 때문에 독특하게 직면하는 노동시장을 설명함에 있어서 비장애인들의 노동시장을 설명하는 이론만으로 설명하는 것은 장애인의 장애로 인한 영향이 축소되어 평가된다는 것을 나타낼 수 있다. 그러므로 장애인의 취업은 장애인이 가진 장애와 인적 자본에 따라 평가되어 고용주에게 선별되기도 하며, 이런 것에 따라 취업여부가 결정된다고 할 수 있다. 그리고 장애인이 속한 노동시장의 상황에 따라 장애인의 취업여부가 결정된다고 할 수 있다.

이러한 연구의 결과에 비추어 볼 때, 정부는 장애인에게 있어서 직업의 중요성을 인식하고 각종 장애인고용촉진제도를 개선하여 시행해야 한다. 앞으로는 정부의 입장에서보다는 장애인의 입장에서 서서 장애인이 어떻게 하면 취업을 하여 소득을 얻을 수 있으며, 어떻게 하면 장애인이 사회의 일원이 될 수 있는가 라는 것을 더 강조하면서 장애인취업에 대한 종합적인 대책을 강구해야 할 것이다. 또한 장애인을 기업에게 떠맡기는 측면보다는 기업이 원하는 기능 인력을 제공한다는 측면을 더 강조해야 한다. 그리고 우리나라의 장애인에 대한 비우호적인 관습과 전통은 우호적인 것으로 변화시켜야 할 것이다. 여기에 더불어 장애인들이 취업하기 위한 인적 자본의 향상을 강구해야 한다. 특히 이를 위해서 직업훈련기관과 직업알선기관을 보다 쉽게 이용할 수 있도록 제도를 개선해야 한다. 즉 소규모의 직업훈련기관과 직업알선기관을 만들어 보다 많은 곳에 설치하거나 방문교육이나 훈련, 우편이나 e-mail을 통한 직업정보 제공 등의 다양한 방법을 개발하여 장애인의 취업에 도움을 주도록 해야 할 것이다.

제2절 연구의 한계

본 연구는 장애인의 취업여부에 영향을 주는 요인의 분석을 통하여 장애인의 장애효과가 발생하는 메커니즘을 규명함으로써 약간의 이론적 정교화와 정책적 함의를 제공하였다는 점에서 의의를 가질 수 있다. 그러나 다음의 몇 가지 점에서 연구의 한계를 지니고 있다.

첫째, 장애인의 취업여부에 영향을 미칠 것으로 가정되지만 측정상의 문제로 포착하지 못하였던 변수들에 대한 분석이 과제로 남아 있다는 것이다. 예를 들면, 장애인의무고용률, 장애인미고용부담금, 장애인고용지원금 등의 제도적 요인, 장애인 자신의 취업에 대한 의욕이나 심리적 압박감 등의 개인적 요인, 노동시장에서의 각 지역마다 다르게 나타나는 지역실업률 상태 등의 요인들 영향에 대해서는 전혀 분석해 내지 못하였다. 왜냐하면, 제도적 요인의 경우 고용주나 기업체에 대한 연구가 있어야 하며, 개인의 심리적 압박감이나 욕구의 경우 그 척도를 찾아내 측정하는 문제가 있었다. 그리고 각 지역마다 다른 실업률의 경우는 세세한 연구와 시계열적 분석이 필요하지만 그렇게 하지 못했기 때문이다.

둘째, 이차자료 사용으로 인한 한계가 있다. 특히 본 연구의 노동제한, 이동불편, 생활불편, 사회적 차별경험, 문화적 차별(관습과 전통의 호의성 인식), 장애인취업촉진제도(직업훈련과 알선제도 등의 구비에 대한 인식) 등 장애요인과 노동시장요인에 대한 판정을 장애인이 인식하고 있는 자기보고식 척도로 측정하였기 때문이다. 이런 변수에 대한 검증은 앞으로의 연구과제로 남겨두고자 한다.

셋째, 표본설정과 구성으로 인한 한계가 있다. 약 150만 명 정도로 추산되는 전체 장애인들 중 경제활동인구인 약 130만 명에 대한 전수

조사가 아니라 이들 장애인들 중 407명이라는 표본만을 가지고 연구한 것은 이 책의 결과를 전국적으로 일반화하여 적용하는 데는 다소 무리가 있을 것이다.

참고문헌

1. 국내문헌

강경선, "장애인문제에 관한 사회구조적 고찰", 「장애인복지법제」, 법무부, 1989.

강병서·김계수, 「통계분석을 위한 SPSSWIN Easy」, 법문사, 1998.

강상욱, 「심신장애자의 복지정책에 관한 연구」, 서울대 행정대학원 석사논문, 1988.

강위영, "취업을 위한 장애인의 올바른 자세", 「장애인고용」, 창간호, 1991.

강위영·박양신, "장애유형별 직업선호경향 비교 연구", 「직업재활연구」(7집), 한국직업재활학회, 1997.

국가보훈처, 「보훈행정연보」, 1987.

길인배, 「장애인고용제도에 관한 연구」, 강원대 박사논문, 1996.

김동호, "장애패러다임의 전환과 자립생활", 「장애인고용」, 겨울호, 2001.

김성재, "장애인정책의 이념과 과제", 「장애인정책입문」, 장애우권익문제연구소, 1997.

김승국·김옥기, 「사회성숙도검사」, 중앙적성출판사, 1985.

김승국·정진모, 「장애인」, 한구가회복지협의회, 1997.

김영석, 「사회조사방법론」, 나남출판, 2000.

김영화, "한국노동시장의 분석과 남녀임금 불평등", 송호근 편 「노동과 불평등」, 나남, 1990.

김영환, "장애인의 근로권 보장", 「직업재활연구」 제3집, 한국직업재활학회, 1993.

김재원, 「취업과 경력개발」, 법문사, 1997.

김정열, "장애인문제의 본질과 대안으로서의 장애인 운동", 장애우권익문제연구소 편, 「장애인정책입문」, 서울: 도서출판 함께 걸음, 1997.

김중대, 「장애인복지」, 천우출판사, 1987.

김중대, 「장애자복지론」, 홍익출판사, 1989.

김진수, "독일의 장애인고용정책과 시사점", 「장애인고용」 26호, 1997.

김한양, "장애인의 주택선호도에 관한 연구", 「복지행정론총」 10집, 한국복지행정학회, 2000.

김행범, 「복지정책의 산출요인에 관한 연구－시계열적 및 횡단 분석적 접근」, 서울대 박사논문, 1993.

김호일, "장애인 정책에 대한 일고", 「국회보」 2월호, 1998.

권선진, "재가장애인취업실태와 정책과제", 「장애인고용」 여름호, 1996.

권유경, 「한국장애인의 피고용여부와 월임금수준 결정요인」, 서울대 석사논문, 1998.

나동석, "장애인복지와 불평등", 중앙사회복지연구회 편, 「한국사회복지와 불평등」, 일조각, 1997.

남춘호, "조직부문 피고용자의 임금결정모형 연구", 송호근 편, 「노동과 불평등」, 나남, 1990.

남궁근, 「행정조사방법론」, 법문사, 1998.

노동부 편, "장애인고용촉진 등에 관한 법률의 제정배경 및 주요내용", 「노동」, 1990. 9.

노동부, 「노동백서」, 각 년도.

류수경, 「장애동료와의 의사소통이 직장인의 태도에 미치는 연구」, 이화여대 석사논문, 1992.

문석남, "장애인의 사회통합과 지역사회의 역할 I", 「장애인고용」 합본호, 한국장애인고용촉진공단, 1994.

민경희, 「우리나라 장애인고용의 문제점과 고용활성화방안 연구-의무고용사업체와 비의무고용사업체를 중심으로」, 연세대 석사논문, 1993.

박성준, 「구직형태의 동태적 분석과 고용대책」, 한국경제연구원, 1998.

박옥희, 「장애인복지의 이론과 실제」, 학문사, 1998.

박옥희, 「장애인복지론」, 학문사, 2001.

박우성, "노동시장의 변화와 장애인고용", 「장애인고용」 봄호 27호, 1998.

박훤구, "경제사회 여건변화와 장애인고용", 「장애인고용」, 특집 합본호('91~'94), 한국장애인고용촉진공단, 1994.

백은령, "IMF 시대의 장애인고용전략", 「장애인고용」 봄호 27호, 1998.

변용찬 외, 「2000 장애인실태조사」, 한국보건사회연구원, 2001.

보건복지부, 「보건복지백서」, 1998.

서광윤·김용성 역, 호주연방정부 장애전략-연방정부 각 부처 10년 기본계획-, 한국아·태장애인 10년 연구모임, 1998.

서종규, "장애인고용의 근본이념을 통해 본 고용정책의 방향", 「장애인고용」 21호, 1996.

석혜정, "미국의 지원고용 프로그램", 「장애인고용」 27호, 1998.

선영규 역, 「인적 자본론」, 청한문화사, 1984.

송건섭·이곤수, "지방정부 장애인고용촉진 요인에 관한 실증분석", 「복지행정논총」 제8집, 한국복지정책학회, 1998.

송근원·김태성, 「사회복지정책론」, 나남, 1995.

송윤호, "장애인의 인사관리에 관한 연구-직무만족요인을 중심으로-", 연세대 석사논문, 1992.

신수영, "취업전후 직업훈련 이수와 성별임금격차 완화", 「노동경제논집」 19(1), 한국노동경제학회, 1996.

아산사회복지사업재단, 「장애인복지편람」, 1982.

안병집, 강위영, 우재현, 「장애자의 직업재활」, 형설출판사, 1987.

안태윤, "한국인의 심신장애자에 대한 전통적인 견해에 대한 연구", 「현대사회와 장애자복지」, 서울: 아산, 1981.

어수봉a, "한국의 장애인 노동시장 분석", 「노동경제논집」 19권(1), 1996.

어수봉b, "한국의 장애인 노동시장 분석", 「장애인고용」 19호, 한국장
애인고용촉진공단, 1996.

오혜경, "장애인고용의 효율화를 위한 장애인 개념의 정의에 대한 고
찰", 「장애인고용」, 겨울, 한국장애인고용촉진공단, 1999.

우재현·정영숙·박충선, "여성과 남성 그리고 차별의 경제학", 「사회
과학연구」 3집 1호, 대구대 사회과학연구소, 1996.

유동철, "장애인고용의 경제적 효과", 「장애인고용」 여름호 28권, 한국
장애인고용촉진공단, 1998.

유인희, "노동의 의미와 노사관계의 윤리", 「복지사회와 노사관계」, 아
산사회복지사업재단, 1989.

이경미, "자본주의와 장애인 차별: 한국노동시장에서의 차별기제와 양
상", 한양대 석사논문, 1994.

이곤수, "정책논리와 수단의 연계: 장애인고용정책 사례", 「복지행정
론총」 10집, 한국복지행정학회, 2000.

이규태, "장애자복지에 대한 한국인의 의식구조", 「현대사회와 장애자복
지」, 아산사회복지사업재단 제3회 복지사회심포지엄 자료, 1981.

이선우a, "장애인의 취업형태에 대한 분석", 「장애인고용」 가을 25호,
1997.

이선우b, "장애인의 취업 및 취업형태에 영향을 미치는 요인에 대한
분석", 「한국사회복지학」, vol.33, 1997.

이성규, "경제위기, 사회정책 그리고 장애인고용", 「장애인고용」 봄호
27호, 1998.

이성규, 「사회통합과 장애인복지정치」, 나남출판, 2000.

이성재, 「장애인정책입문」, 사단법인 장애우권익문제연구소, 1997.

이익섭 역, "재활법과 장애근로자에 대한 차별", 「장애와 노동시장」, 한국장애인고용촉진공단, 1993.

이익섭, "21세기를 향한 장애인고용", 「1995년 장애인고용촉진세미나 자료집」, 한국장애인고용촉진공단, 1995.

이익섭, "현행 장애인복지의 과제", 「장애인직업재활」, 한국장애인고용촉진공단, 1990.

이익섭, "아·태 장애인 10년의 역사적 배경", 「아·태 장애인 10년에 대처할 국가적 장기전략 및 정책대안 모색을 위한 연구논문 집」, 한국아·태 장애인10년 연구모임, 1995.

이익섭, "국민의 이해증진", 「아·태 장애인 10년에 대처할 국가적 장기전략 및 정책대안 모색을 위한 연구논문집」, 한국아·태 장애인 10년 연구모임, 1995.

이익섭, "장애인교육정책", 「장애인복지이념과 제도」, 한국장애인고용촉진공단 연수자료, 1999.

이정우, 「소득분배론」, 비봉출판사, 1997, p.95에서 재인용.

이종길, "복지관의 직접적응훈련 프로그램", 「장애인고용」 봄호 15호, 1995.

이종길, "직업재활을 위한 지역사회복지", 「장애인직업생활상담」, 한국장애인고용촉진공단, 1991.

이준우, 「장애인과 지역사회」, 한국밀알선교단출판부, 1999.

이창욱 외, 「장애인고용 특별비용 연구」, 한국장애인고용촉진공단, 1993.

이창헌 외, 「여성과 사회·정치」, 조선대학교 출판부, 2001.

이채식 역, 「장애인 노동시장에 대한 연구(Ⅰ)」, 한국장애인고용촉진공단, 1997.

이청자, "장애인복지 정책의 발전방향", 「사회복지」, 봄호, 116호, 1993.

이태영, "장애자복지 비교고찰", 「현대사회와 장애자복지」, 서울: 아산, 1981.

임두택·전리상, "장애인고용정책의 개선방안에 관한 연구", 「법률행정론총」, 전남대학교 법률행정연구소, 1997.

임두택·전리상, "장애인고용이론과 요인에 대한 고찰", 「현대사화과학연구」 11권, 전남대학교 사회과학연구소, 2000.

장인봉, "한국 장애인고용정책의 평가와 고용증대 방안", 「복지행정연구」 15집, 한양대 복지행정연구소, 1999.

장인협, 「사회복지학개론」, 서울대출판부, 1996.

장창엽, "장애인고용정책의 현황과 과제", 「지방화시대에 있어서의 장애인복지 현황과 과제」, 광주광역시장애인종합복지관, 1996.

전남진, 「사회정책학강론-사회정책의 수립과 분석-」, 서울대출판부, 1992.

전영평, "장애인고용 정책의 논리와 전략", 「2000년도 하계학술대회

발표논문집」, 한국행정학회, 2000.

전영평, "장애인고용의 조기정착을 위한 정책대안의 탐색", 「장애인고
용」, 한국장애인고용촉진공단, 1992 가을호.

전영평, "장애인고용정책의 논리와 위상분석", 「한국행정학보」 34(4),
한국행정학회, 2000.

전영평, "장애인고용정책의 변화와 그 수용에 관한 비교연구", 「한국
정책학회보」 제7집 2호, 1998.

전영평, "장애인고용촉진을 위한 행정전략의 평가", 「한국행정학보」,
29(1), 1995.

전영평·이곤수, "장애인복지와 정부개입의 논리", 「사회정책논총」, 한
국사회정책연구원, 1999.

전준구, '장애인고용정책의 집행과정에 관한 연구', 한국정책학회 하계
학술발표회발표 논문집, 1996.

정기원 외 8인, 「1995년도 장애인취업실태와 고용의 경제적 효과」, 한
국보산사회연구원, 1996.

정순민, 「장애인재활복지」, 중앙경제사, 1997.

정재권·김동연, "한국인의 장애자 의식에 관한 조사 연구", 「특수교
육학연구」 1집, 우석대학교 특수교육연구소, 1988.

정형웅, "한국 장애인의 직업재활에 관한 연구", 단국대 석사논문, 1993.

조학래, "선발도구의 예측 치와 직무성과의 상관관계", 「논문집」 제64
집, 서울산업대학교, 1997.

조흥식a, "장애인 소득보장의 실태와 대책", 「사회복지연구」 6호, 서울대 사회복지연구소, 1995.

조흥식b, "장애인 소득관련 사회보장대책", 「아·태 장애인 10년에 대처할 국가적 장기전략 및 정책대안 모색을 위한 연구논문집」, 한국아·태 장애인 10년 연구모임, 1995.

최소영, "사업주 인식조사 보고서", 혜원장애인종합복지관, 2001. 3.

최영하, "정신지체아 직업재활의 서설적 연구", 「특수교육학회지」 15(2), 1994.

최일섭, "장애인고용정책의 현황과 과제", 「지방화시대에 있어서의 장애인복지현황과 과제」, 제6회 전국장애인복지학술대회 자료집, 1996.

최소영, "사업주 인식 조사 보고서", 충주 혜원장애인종합복지관, 2001.

최효진, "장애인 직업욕구조사 보고서", 충주 혜원장애인종합복지관, 2001.

한국보건사회연구원, 「1995년도 장애인 실태조사」, 1995.

한국보건사회연구원, 「장애인실태조사보고」, 1991.

한국산업안전공단, 「주요국의 산업재해현황 및 통계제도」, 2001.

한국아·태 장애인 10년 연구모임a, 「일본의 최신 장애정책 자료집」, 1996.

한국아·태 장애인 10년 연구모임b, 「한국장애정책대안」, 1996.

한국장애인고용촉진공단, 「일본의 장애인고용과 취업」, 1991.

한국장애인고용촉진공단, 「교통사고장애인취업실태조사」, 1996.

한국장애인고용촉진공단, "직장인의 장애인고용에 관한 의식조사", 「
　　　　장애인고용」 봄호, 1996.

한국장애인고용촉진공단, 「산업재해장애인취업실태조사」, 1998.

한국장애인고용촉진공단, 「교통사고 장애인취업실태조사」, 1999.

한국장애인고용촉진공단, 「장애인고용정책비교연구」, 2001.

한국장애인복지정책연구회, 「서울시 생활보호대상 장애인 가구주 실태
　　　　조사 보고서」, 1994.

한국장애인복지체육회, 「주요국의 장애인복지기본법」, 1995.

한국장애인재활협회, 「비교장애인복지정책」, 1996.

한태림, "사후지도", 「장애인고용」 겨울호 18호, 1995.

한태림, "장애인취업실태조사", 한국장애인고용촉진공단, 1992.

홍대식 역, 「사회심리학」, 박영사, 1990.

홍윤기a, "장애인에 대한 의식변화를 위한 사회운동의 역할과 의의", 「
　　　　장애인고용」 겨울호, 1997.

홍윤기b, "장애인에 대한 사회적 편견의 원천과 그 극복의 논리", 「장
　　　　애인 직업상담실무」 '97년도, 한국장애인고용촉진공단, 1997.

황경식 역, 「사회정의론」, 서광사, 1985.

황연대, "한국장애인고용촉진공단의 효율적인 활용을 위한 제언", 「장
　　　　애인고용」 창간호, 한국장애인고용촉진공단, 1991.

황의경, "심신장애인의 인권옹호와 사회적 대책", 「사회복지」, 1981, 가을호.

황의경 · 배광웅, 「심신장애인 재활복지론」, 홍익제, 1991.

2. 외국문헌

Aigner, D. J. and Cain, G. G., "Statistical Theories of Discrimination in Laber Market", *Industrial and Laber Relations Review*, January, 1977.

Akerlof, G. A., "A Theory of Social Custom, of Which Unemployment May Be One Consequence", *Quarterly Journal of Economics*, vol.94. 1980.

Aronson, R. L., *Self-Employment: A Labor Market Perspective*, Ithaca, NY: ILR Press, 1991.

Aronson, R. L., "Self-employment and occupational structure in an industrializing city: Detroit, 1980", *Social Forces*, 69(3).

Arrow, K. J., "The theory of discrimination", Ashenfelter, O. and Rees, A. edts, *Discrimination in Labor Markets*, New Jersey: Princeton University Press, 1973.

Ashenfelter, O. and Rees, A. edts, *Discrimination in Labor Markets*, New Jersey: Princeton University Press, 1973.

Axelrod, R., *The evolution of cooperation*, Basic Books, 1984.

Baldwin, M & Jhonson, W. G., "The Americans with disabilities Act: Will it make a difference?", *Policy Studies Journal*, 21(4), 1993.

Baldwin, M. & Johnson, W. G., "Labor Market Discrimination Against Men with Disabilities", *Journal Human Resources*. vol.14. no.1. 1994.

Baldwin, M. & Johnson, W. G., "Labor Market Discrimination against Women with Disability", *Industrial Relations*, vol.34, no.4, 1995.

Baldwin, M., Zeager, L. A. & Flacco, P. R., "Gender Difference in wage Losses from Impairment", *Journal of Human Resources*, vol.29. no.3-4, 1994.

Becker, E. H., "Self-employed worker: An update to 1983", *Monthly Labor Review*, 107(7), 1984.

Becker, G. S., *The Economic of Discrimination*, Chicago University Press, 1957.

Becker, G. S., *Human Capital: A Thoeretical and Empirical Analysis with Special Reference to Education*, New York: Columbia University Press for National Bureau of Economic Research, 1993.

Beckman, M., *Building for Evryone-The Disabled and the Built Environment in Sweden*, Ministry of Housing and Physical

Planning, Stockholm, 1976.

Berkowitz, M. and Hill, M. A., "Disability and the Labor Market: An Overview", Berkowitz, M. and Hill, M. A. eds., *Disability end the Labor Market*, New York: ILR Press, 1989.

Bluestone, B. and Harrison, B., *The Great American Job Machine*: The Proliferation of Law Wage Employment in the U. S. Economy. Report prepared for the U. S. Congress Joint Economic Committee. Washington, 1986.

Bolderson, H., "The Origins of the Disabled Persons Employment Quata and its Symbolic Significance", *Journal of Social Policy*, Cambridge University Press, 1980.

Bound, J., "Self-reported versus objective Measures of health in retirement model", *Journal of Human Resource*, vol.26, no.1, 1991.

Butler, J. S. and Herring, C., "Ethnicity and entrepreneurship in America: Toward an explanation of racial and ethnic group variations self-employment", *Sociological Perspectives*, 34(1), 1991.

Davis, L. J., *The Disability Studies Reader*, 1997, Routledge: New York, 1997.

Delson, L., "Employment opportunities for the Disabled", *International Handbook of Labor Market Policy and Evaluation*, UK,

Edward Elgar Publishing, 1996.

Demsetz, H., "Minorities in the Market Place", *North Carolina Law Review*, vol.43, 1965.

Doyle, B., *Disability, Discrimination and Equal Oppotunities: A Comparative Study of the Employment Rights of Disabled Persons*, Mansell, 1995.

Fields, A. J. and Goldsmith, A. H., "The Impact of Formal On-the-Job Training on Unemployment and the Influence of gender, Race, and Working Lifesycle Position on Accessibility to On-the-Job Training", Darity, W. ed., *Labor Economics: Problems in Analysing Labor Markets*, Kluwer Academic Publishers, 1993.

Fougeyrollas, P., "Explanatory models of the consequences of disease and trauma: The handicaps creation process", *Proceedings of an International Symposium on Research Into Functional Limitation sand Their Social Consequences(OPHQ)*, Montreal: Canada Society for the ICIDH, 1992.

Gull, J. G. and Hardy, R. E., *Special Problem in Rehabilitation*, Fisherville: American Lecture Series, 1977.

Hahn, H., The issue of equality: European perceptions of employment policy for disabled persons, New York: World Rehabilitation Fund, 1984.

Hahn, H., "Advertising the acceptably employable image: Disability and Capitalism", *Policy studies journal*, 15(3), 1987.

Harris, L. & Associates, *Aging in the eights: America in transition*, Washington D.C.: National Council on Aging, 1981.

House, J. S., Kessler, R. C., Herzog, A. R., Mero, R. P., Kinney, A. M., & Breslow, M. J., "Age, socioeconomic status and Health", *The Milbank Quarterly*, vol.68, 1990.

Howard, A., "Who reaches for the dolden handshake?", *The Academy of Management Excutive*, II(2), 1988.

ILO, Recommendation No.99, 1. Definition 1(b).

Johnson, W. G., "The Rehabilitation Act and Discrimination Against Handicapped Workers: Does the Cure fit Disease?", Berkowitz, M. and Hill M. A. eds., *Disability and Laber Market*, Ithaca, N. Y.: ILR Press, 1986.

Jongbloed, L. & Chrichton, A., "A new definition of disability: Implications for rehabilitation practice and social policy", *Canadian Journal of Occupational Therapy*, 57, 1990.

Koyl, L. F., "A Technique for Measuring Functional Criteria in Placement and Retirement Practices", In *Towards an Industrial Gerontology*, Harold L. Sheppard ed., Cambridge, Mass.: Schnkmen Publishing Co., 1970.

LaPlante, M. P., "The Demographics of Disability", *The Milbank*

Quarterly, vol.69, Suppl/2. Pt1. 1991.

Lebllanc, G., "Discrimination in the labour market", *Canacian Journal of Economics*, Vol.28, no.3, Issue.3, 1995.

Lee, W., *The ethnic character of self-employment: An analysis of nine ethnic groups in the state of California utilizing the 1990 Census Data*, Ph. D. Dissertation, University of California, Berkeley, 1995.

Lewis, G & Allee, C., The impact of disabilities on federal career success, *Public Administration Review*, 52(4), 1992.

Lundahl, M and Wadensjö, E., *Unequal Treatment*, New York University Press, 1984, Davis, L. J., *The Disability Studies Reader*, New York and London: Routlege, 1997.

Mannila, S., "Factors Influencing the Disabled's Employment in the Competitive Labor Market", *International Journal of Rehabilitation Research*, vol.18, 1995, pp.19-25.

Marinelli, R. P., "State anxiety in interactions with visibly disabled persons", *Rehabilitation Counseling Bulletin*, 18, 1974.

Mincer, J., *Schooling, Experience and Earnings*, Columbia University Press, 1974.

Mincer, J., *Studies in Human Capital*, Cambridge University Press, 1993.

Nagi, S. Z., Disability and Rehabilitation: Legal, Clinical and

Self-Concepts and Measurent, Columbus, Ohio: Ohio State University Press, 1969.

Nagi, S. Z., "Disability Concepts Revisited: Implications for Prevention", A. M. Pope & A. R. Tarlov edt., *Disability on America: toward a national agenda for prevention*, National Academy Press, 1991.

Nagi, S. Z., Howards, I & Brehm, H. P., *Disability: From Social Problem to Federal Program*, New York: Praeger, 1980.

Parsons, D. O., "Racial trends in male labour force participation", *American Economic Review*, Vol.70, No.3-5, 1980.

Percy, S. L., *Disability, Civil Rights, and Public Policy*, Tuscaloosa and London: Alabama University Press, 1989.

Phelps, E. S., "The Statistical Theory of Racism and Sexism", *American Economic Review*, Sptember, 1972.

Pope, A. M. & Tarov, A. R. edt., *Disability on America: toward a national agenda for prevention*, National Academy Press, 1991.

Rawls, J., *A Theory of Justice*, Cambridge Massachusetes: Harvard University Press, 1971.

Roemer, J. E., "Divide and Conquer: Micro Foundations of A Marxian Theory of Wage Discrimination", *Bell Journal of Economics*, Vol.10, 1979.

Scheffler, R. M. & Iden, G., "The effect of disability on labor supply", *Industrial & Labor Relations Reviews*, vol.28, No.1, 1974.

Schroedel, J. G. and Jacobsen, R. J., *Employer Attitudes Toward Hiring Persons with Disabilities*, Albertson, New York: National Center on Employment of the Handicapped at the Human Resources Center, 1978.

Schultz, T. W., "Investment in Human Capital", *American Economic Review*, 51, March, 1961.

Schultz, T. W., "The Value of Ability to Deal with Disequlibria", *Journal of Economic Literlature*, 1975.

Shakespeare, T. eds., *The Disability Reader*, London and New York: Cassell, 1998.

Sheppard, H. L., "Work continuity versus retirement: Reasons for continuing work", In R. Morris & S. A. Bass(eds.), *Retirement Reconsidered: Economic and Social Roles for Older People*, New York: Springer Publishing Co., 1988.

Sherman, S. W. and Robinson, N. M. eds., *Ability Testing of Handicapped People*, Washington D.C.: National Academy Press, 1982.

Smith, R. S., "The Economic of Job Displacement", Berkowitz, M. & Hill, M. A. eds., *Disability and Labor Market*, IRL Press, 1989.

Soule, S. W., *Disability Income Insurance*, IllinoisDow Jones-Irwin, 1984.

Spence, A. M., *Market Signaling: Informational Transfer in Hiring and Related Screening Processes*, Cambridge: MA, Harvard University Press, 1974.

Stern, S., "Measuring the effect of disability on labor force participation", *Journal of Human Resource*, vol.24, no.3, 1989.

Thurow, L. C., *Generating Inequality*, Basic Books, 1975.

Welch, F., "The employment of black men", *Journal of Labor Economics*, vol.8, No.1, 1990.

WHO, *International Classification of Impairment, Disability, and Handicaps: A manual of classification relating to the consequence of disease*, Geneva: World Health Organization(Author), 1980.

Yelin, E. H., *Disability and the Displaced Worker*, New Jersey: Rutgers University Press, 1992.

Yelin, E. H. & Katz, P. P., "Making work more central to work disability policy", *The Milbank Quarterly*, vol.72, No.4, 1994.

Yuker, H., Block, J. R. & Young, J., *The Measurement of Attitudes toward Disabled Persons*, Albertson, N. Y.: Human Resources Center, 1966.

根本安俊, 「障害者の雇用ガイド－各種助成措置の活用のために－」, 勞動法令協會, 昭和63年.

小川孟 譯, "國際企業の社會的責任", 「身障雇用ニュース」, 第2號, 身體
　　障害者雇用促進協會, 1977. 10.

一番ケ瀬康子·左藤進 編著, 「障害者の 福祉と人權」, 光生館, 1986.

寺澤恒信, 「意識論」, 大月書店, 1984.

3. 기타

www.cowalk.or.kr(장애우권익문제연구소)

www.kepad.or.kr(한국장애인고용촉진공단)

www.mohw.go.kr(보건복지부)

www.molab.go.kr(노동부)

www.police.go.kr(경찰청)

www.nso.go.kr/(통계청)

www.rtsa.or.kr(도로교통안전관리공단)

www.welco.or.kr(근로복지공단)

www.abilityinfo.com(Disability Information for Students and
　　Professionals)

www.uic.edu/orgs/sds/(Society for Disability Studies)

http://www.globalnet.co.uk/~pmatthews/Disabilitynet/legislation/DD
　　ADefDis.html.

〈부록 1〉설문지

안녕하십니까?

귀하의 무궁한 발전을 기원합니다. 여러 가지로 바쁘신 가운데 번거로운 질문을 드리게 되어 죄송합니다.

본 설문은 **장애인취업의 영향요인에 관한 연구**와 관련하여 귀하의 귀중한 경험과 의견을 수집하고자 만들어진 것입니다. 이 설문을 통하여 현재 장애인들의 취업에 어떠한 요인이 영향을 미치는지에 관하여 알아보고자 합니다. 귀하의 정확하고 성실한 답변은 본 연구에 있어서 귀중한 자료가 될 것입니다. 이 연구를 지원한다는 뜻에서 설문에 협조해 주시면 저의 연구에 큰 도움이 될 것입니다.

이 설문조사는 개인의 비밀을 완전히 보장하기 위하여 무기명으로 실시되며, 응답하신 설문자료의 내용은 통계적으로만 처리됩니다. 따라서 귀하의 응답 내용은 철저하게 비밀이 보장되며, 수집된 자료는 이 책을 위한 연구목적 이외에는 절대 사용되지 않습니다.

항상 건강하시고 댁내 화목하시길 기원합니다.

감사합니다.

2001년 10월
전남대학교 대학원 행정학과
지도교수 임두택
연구자 전리상

이 설문조사에 대해 의문사항, 건의내용 또는 연구결과에 궁금한 사항이 있으시면 아래 연락처로 연락 주시기 바랍니다. 귀하의 많은 조언과 협조를 바랍니다.

Tel. 016-604-2281, E-mail: chonleesang@hanmail.net(전리상)

설문지 기입요령

이 설문에서 맞고 틀리는 것이 없습니다. 귀하가 평소 갖고 계신 생각이나 귀하가 갖고 계시는 것에 가장 가까운 문항에 "∨"표로 답하거나, (   ) 안에 해당사항을 기입해 주십시오.

※ 아래의 물음에서 해당 번호에 대해 "∨"표로 답하거나, (   ) 안에 해당 사항을 기입해 주십시오.

1. 귀하의 연령은?
   (만   세)

2. 귀하의 성별은?
   ① 남   ② 여

3. 귀하가 살고 계시는 지역은?
   ① 농어촌(면)   ② 중소도시(일반 시내)   ③ 대도시(광역시)

4. 귀하의 장애등급은?
   ① 1급   ② 2급   ③ 3급   ④ 4급   ⑤ 5급   ⑥ 6급

5. 귀하의 장애유형은?

　　① 지체장애　　② 뇌변병장애　　③ 시각장애

　　④ 청각장애　　⑤ 언어장애　　⑥ 정신지체

　　⑦ 발달장애　　⑧ 정신장애　　⑨ 신장장애

　　⑩ 심장장애.　　⑪ 중복장애(2개 이상)

◎ 지체장애인 경우 어떤 장애이십니까?

　　㉮ 절단장애　　㉯ 관절장애　　㉰ 지체기능장애

　　㉱ 변형장애

6. 귀하의 가정에서의 경제적 수준은 어느 정도입니까?

　　하　　　　　　　　　중　　　　　　　　　상

　　①———②———③———④———⑤

7. 귀하의 최종학력은?

　　① 장애인학교 또는 특수학교-초등과정(　　), 중등과정(　　), 고등과정(　　)

　　② 초등학교 ③ 중학교 ④ 고등학교 ⑤ 전문대학 ⑥ 대학교 ⑦ 대학원 이상

　　⑧ 미취학 ⑨ 기타 (　　　　)

　　　* 졸업여부: ① 비해당 ② 재학　③ 중퇴　④ 졸업

8. 귀하는 밖에서 이동하는 데 얼마나 불편을 겪고 있습니까?

　　전혀 없다　　　　　　보통이다　　　　　매우 많다

　　①———②———③———④———⑤

9. 귀하는 일상생활을 하는 데 얼마나 불편하십니까?

　전혀 없다　　　　　　　　보통이다　　　　　매우 많다

　①——————②——————③——————④——————⑤

10. 귀하의 장애가 현재 하고 있거나 하고자 하는 일의 종류나 양에
　　얼마나 제한을 미칩니까?

　전혀 없다　　　　　　　　보통이다　　　　　매우 많다

　①——————②——————③——————④——————⑤

11. 귀하는 장애로 인하여 사회로부터 얼마나 차별을 받았습니까?

　전혀 없다　　　　　　　　보통이다　　　　　매우 많다

　①——————②——————③——————④——————⑤

12. 귀하는 장애인들의 취업을 위한 제도(직업재활제도, 직업알선제도,
　　장애인의무고용제도 등)가 얼마나 갖추어져 있다고 보십니까?

　매우 훌륭하다　　　　　　보통이다　　　　　매우 미비하다

　①——————②——————③——————④——————⑤

13. 귀하의 지역사회의 전통과 관습이 장애인들에게 우호적이라고 보
　　십니까?

　매우 우호적이다　　　　　보통이다　　　　　매우 비우호적이다

　①——————②——————③——————④——————⑤

14. 귀하는 현재 취업에 필요한 자격증이나 기술을 갖고 계십니까?

① 있다

② 없다

* 혹시 자격증을 갖고 계신다면 무슨 자격증과 기술을 갖고 있으십니까?

전부 쓰시오. (   )

15. 귀하는 직장생활을 하거나 한 경험이 있으십니까?

① 직장생활 중이다

② 직장생활 경험이 있다

③ 직장생활 경험이 없다

◎ 직장생활을 하고 있거나 직장생활 경험이 있다면 귀하의 총경력은?

(총 _____년 _____개월)

* 장애발생 이전 (_____년 _____개월)

장애발생 이후 (_____년 _____개월)

16. 귀하는 취업알선기관을 이용해 보셨습니까?(채용박람회 포함)

① 예

② 아니오

17. 귀하는 현재 직장생활을 하고 계십니까?

① 예

② 아니오

◎ 귀하가 직장생활을 하고 계신다면, 아래 문항에 답변하시오.

17-1. 어떤 회사에 다니고 계십니까?

① 자영업　　　② 정부 및 정부관련기관　　　③ 일반사업체

④ 장애인관련단체나 기관　　　　　　　⑤ 장애인전용기업

⑥ 기타(　　　　　　)

17-2. 귀하는 현재 어떤 일에 종사하시고 계십니까?

① 입법공무원, 고위임직원 및 관리자.　② 전문가

③ 기술공 및 준전문가　　　　　　④ 사무직원

⑤ 농업 및 어업숙련근로자　　　　⑥ 기능원 및 관련기능 근로자

⑦ 장치, 기계조작원 및 조립원　　⑧ 단순노무직 근로자

⑨ 주부　　　　　　　　　　⑩ 기타 (　　　　　　)

17-3. 귀하는 현재 어떤 위치에서 일하고 있습니까?

① 자영업자　　　② 고용주　　　③ 전일제 상용근로자

④ 시간제 상용근로자　　　　　⑤ 임시근로자

⑥ 일용근로자　　　　　　　　⑦ 무급가족종사자

⑧ 기타(　　　　　)

17-4. 현대 다니고 계신 회사의 종업원규모는 어느 정도 입니까?

① 5인 이하　　　② 6-9인　　　③ 10-49　　　　④ 50-99

⑤ 100-199　　　⑥ 200-299⑦ 300-499　　　⑧ 500인 이상

17-5. 귀하는 현재까지 지금의 직업에 종사한 전체기간은 얼마나 됩니까?

(_____년 _____개월)

* 장애발생 이전 (_____년 _____개월)

　장애발생 이후 (_____년 _____개월)

17-6. 현재 하고 계신 일은 언제부터 하셨습니까?

　① 장애발생 이전부터　② 장애발생 이후부터　③ 잘 모르겠다

17-7. 한 달 평균 며칠 근무하십니까? (월 _____ 일)

　* 1주일에 평균 몇 시간 근무하십니까? (주 _____ 시간)

17-8. 현재의 일을 통한 월평균 수입은 얼마나 됩니까?

　(상여금, 수당 등을 포함한 것이며, 자영업자나 고용주인 경우에는 순소득을 말함)

(월 _____ 만 원)

17-9. 귀하는 현재의 임금수준에 어느 정도 만족하십니까?

　매우 불만족　　　　보통이다　　　　　　　매우 만족

　①---------②------③--------④------------⑤

17-10. 현재의 직업에 대해 어느 정도 만족하십니까?

　매우 불만족　　　　보통이다　　　　　　　매우 만족

　①---------②------③--------④------------⑤

18. 귀하는 직업훈련을 받고 있거나 받은 경험이 있습니까?

 ① 직업훈련을 받지 않았다

 ② 직업훈련을 받았다

 ③ 현재 직업훈련 중이다

◎ **귀하가 직업훈련을 받았다면**, 아래의 문항에 답하시오.

18-1. 직업훈련을 받은 시기는 장애가 나타나기 이전입니까, 이후입니까?

 ① 장애발생 이전　　② 장애발생 이후　　　③ 잘 모르겠다

18-2. 직업훈련을 받은 기간은 모두 합하여 얼마나 됩니까?

（ _____년 _____개월）

＊ 장애발생 이전（ _____년 _____개월）

장애발생 이후（ _____년 _____개월）

18-3. 현재 받고 있거나 또는 받은 적이 있는 직업훈련은 무엇입니까?

 ① 컴퓨터(전산, 정보처리)　② 전화교환

 ③ 산업디자인　　　　　　④ 도장

 ⑤ 금은보석가공　　　　　⑥ 자개・칠보

 ⑦ 공예　　　　　　　　　⑧ 인쇄・사진・식자・청타

 ⑨ 제화　　　　　　　　　⑩ 제과・제빵

 ⑪ 편물　　　　　　　　　⑫ 피아노조율

 ⑬ 의상(봉제)　　　　　　⑭ 자수

 ⑮ 건축도장・건축목공　　⑯ 전기・전자기기 수리

 ⑰ 도배　　　　　　　　　⑱ 금속주조(선반, 밀링)

⑲ 기계가공   ⑳ 금형
㉑자동차정비   ㉒ 배관
㉓ 가구제작   ㉔ 중장비 운전
㉕ 이·미용, 요리   ㉖ 기타(   )

18-4. 직업훈련의 내용과 현재 하고 있는 일이 어느 정도 관련 있다고
    생각하십니까?

    전혀 없다   보통이다   매우 많다
    ①————②————③————④————⑤

18-5. 직업훈련이 취업에 얼마나 도움이 되었습니까?

    매우 없다   보통이다   매우 많았다
    ①————②————③————④————⑤

※ 지금부터는 귀하가 취업을 하지 않은 상태라면, 아래의 문항에 답
   하시오.

19. 귀하는 직장생활을 하신 적이 있으십니까?

    ① 있다

    ② 없다

    * 혹시 직장생활을 하셨다면 얼마나 하셨습니까? (___년 ___개월)

    * 혹시 직장생활을 하셨다면 장애발생한 전입니까 아니면 후입니까?

    ① 장애발생 전

    ② 장애발생 후

20. 귀하는 취업하기를 원하십니까?

    ① 예

    ② 아니오

    ③ 생각해본 적이 없다

◎ **귀하가 취업을 원하신다면,** 아래 문항에 답변하시오.

20-1. 취업을 희망하신다면, 어떤 업종에 취업하기를 원하십니까?

    ① 어떤 업종이든 상관없다 ② 금융, 보험업

    ③ 농업, 수렵업, 임업, 어업 ④ 부동산, 임대 및 사업서비스업

    ⑤ 광업   ⑥ 공공행정, 국방, 사회보장행정

    ⑦ 제조업   ⑧ 교육서비스업

    ⑨ 전기, 가스, 수도사업 ⑩ 보건 및 사회복지사업

    ⑪ 건설업   ⑫ 기타 공공, 사회 및 개인서비스업

    ⑬ 도소매 및 소비자용품 수리업   ⑭ 가사서비스업

    ⑮ 숙박 및 음식점업   ⑯ 국제 및 기타 외국기관

    ⑰ 운수, 창고, 통신업   ⑱ 기타 (   )

20-2. 취업을 희망하신다면, 어떤 형태로 일하고 싶으십니까?

    ① 자영업   ② 고용주   ③ 전일제 상용고용

    ④ 시간제 상용고용 ⑤ 임시고용   ⑥ 일일고용

    ⑦ 가족봉사자   ⑧ 상관없다

21. 귀하는 직업훈련 받기를 희망하십니까?

    ① 예

    ② 아니오

◎ 귀하가 직업훈련 받기를 희망하신다면, 아래의 문항에 답하시오.

21-1. 직업훈련을 받으신다면, 어떤 직업훈련을 받고 싶습니까?

① 컴퓨터(전산, 정보처리)　② 전화교환

③ 산업디자인　④ 도장

⑤ 금은보석가공　⑥ 자개·칠보

⑦ 공예　⑧ 인쇄·사진·식자·청타

⑨ 제화　⑩ 제과·제빵

⑪ 편물　⑫ 피아노조율

⑬ 의상(봉제)　⑭ 자수

⑮ 건축도장·건축목공　⑯ 전기·전자기기 수리

⑰ 도배　⑱ 금속주조(선반, 밀링)

⑲ 기계가공　⑳ 금형

㉑ 자동차정비　㉒ 배관

㉓ 가구제작　㉔ 중장비 운전

㉕ 이·미용, 요리.　㉖ 기타(　　　　　　　　)

22. 현재 일을 안 하고 계신 주된 이유는?

① 장애가 심해서 일하기 어려우므로

② 장애 외의 다른 질병 때문에

③ 기술이나 능력이 없어서

④ 나이 때문에(고령, 은퇴)

⑤ 적합한 직종이 없어서

⑥ 고용주가 기피하기 때문

⑦ 사회생활을 할 자신이 없어서

⑧ 통근이 어려워서

⑨ 일하고 싶지 않아서

⑩ 취업할 필요가 없어서

⑪ 취업 시 직장에서의 차별이나 남의 시선이 싫어서

⑫ 가족의 반대로

⑬ 결혼준비 중이어서

⑭ 진학준비 중이어서

⑮ 기타(   )

♡ 바쁘신 중에도 설문에 응해주셔서 대단히 감사합니다.

〈부록 2〉 설문지 응답의 빈도분석결과

1. 귀하의 연령은?

연 령	빈도(명)	비율(%)	유효비율(%)	누적비율(%)
① 15-24세	51	12.5	12.5	12.5
② 25-34세	155	38.1	38.1	50.6
③ 35-44세	133	32.7	32.7	83.3
④ 45-54세	56	13.8	13.8	97.1
⑤ 55-64세	12	2.9	2.9	100.0
합 계	407	100.0		

2. 귀하의 성별은?

성 별	빈도(명)	비율(%)	유효비율(%)	누적비율(%)
① 남	295	72.5	72.5	72.5
② 여	112	27.5	27.5	100.0
합 계	407	100.0		

3. 귀하가 살고 계시는 지역은?

주거지역	빈도(명)	비율(%)	유효비율(%)	누적비율(%)
① 농어촌	96	23.6	23.6	23.6
② 중소도시	118	29.0	29.0	52.6
③ 대도시	193	47.4	47.4	100.0
합 계	407	100.0		

4. 귀하의 장애등급은?

장애등급	빈도(명)	비율(%)	유효비율(%)	누적비율(%)
① 1급	105	25.8	25.8	25.8
② 2급	120	29.5	29.5	55.3
③ 3급	100	24.6	24.6	79.9
④ 4급	46	11.3	11.3	91.2
⑤ 5급	25	6.1	6.1	97.3
⑥ 6급	11	2.7	2.7	100.0
합 계	407	100.0		

5. 귀하의 장애유형은?

장애유형	빈도(명)	비율(%)	유효비율(%)	누적비율(%)
① 지체장애	286	70.3	70.3	70.3
② 뇌변병장애	21	5.2	5.2	75.4
③ 시각장애	14	3.4	3.4	78.9
④ 청각장애	12	2.9	2.9	81.8
⑤ 언어장애	6	1.5	1.5	83.3
⑥ 정신지체	23	5.7	5.7	88.9
⑦ 발달장애	4	1.0	1.0	89.9
⑧ 정신장애	16	3.9	3.9	93.9
⑨ 신장장애	5	1.2	1.2	95.1
⑩ 심장장애.	1	0.2	0.2	95.3
⑪ 중복장애(2개 이상)	19	4.7	4.7	100.0
합 계	407	100.0		

◎ 지체장애인 경우 어떤 장애이십니까?

지체장애	빈도(명)	비율(%)	유효비율(%)	누적비율(%)
① 절단장애	45	11.1	17.8	17.8
② 관절장애	23	5.7	9.1	26.9
③ 지체기능장애	179	44.0	70.8	97.6
④ 변형장애	6	1.5	2.4	100.0
계	253	62.2	100.0	
Missing	154	37.8		
합 계	407	100.0		

6. 귀하의 가정에서의 경제적 수준은 어느 정도입니까?

경제적 수준	빈도(명)	비율(%)	유효비율(%)	누적비율(%)
① 하	97	23.8	23.8	23.8
②	72	17.7	17.7	41.5
③ 중	207	50.9	50.9	92.4
④	21	5.2	5.2	97.5
⑤ 상	10	2.5	2.5	100.0
합 계	407	100.0		

7. 귀하의 최종학력은?

학 력	빈도(명)	비율(%)	유효비율(%)	누적비율(%)
① 미취학	13	3.2	3.2	3.2
② 초등학교 졸 또는 중퇴	45	11.0	11.0	14.3
③ 중학교 졸 또는 중퇴	73	18.0	18.0	32.2
④ 고등학교 졸 또는 중퇴	193	47.3	47.3	79.6
⑤ 대학교 졸 또는 중퇴	71	17.4	17.4	90.7
⑥ 대학원 이상	12	3.0	3.0	100.0
합 계	407	100.0		

8. 귀하는 밖에서 이동하는 데 얼마나 불편하십니까?

이동불편	빈도(명)	비율(%)	유효비율(%)	누적비율(%)
① 전혀 없다	17	4.2	4.2	4.2
②	89	21.9	21.9	26.0
③ 보통이다	128	31.4	31.4	57.5
④	100	24.6	24.6	82.1
⑤ 매우 많다	73	17.9	17.9	100.0
합 계	407	100.0		

9. 귀하는 일상생활을 하는 데 얼마나 불편하십니까?

일상생활 불편	빈도(명)	비율(%)	유효비율(%)	누적비율(%)
① 전혀 없다	10	2.5	2.5	2.5
②	68	16.7	16.7	19.2
③ 보통이다	105	25.8	25.8	45.0
④	147	36.1	36.1	81.1
⑤ 매우 많다	77	18.9	18.9	100.0
합 계	407	100.0		

10. 귀하의 장애가 할 수 있는 일의 종류나 양에 얼마나 지장을 줍니까?

노동제한	빈도(명)	비율(%)	유효비율(%)	누적비율(%)
① 전혀 없다	3	0.7	0.7	0.7
②	48	11.8	11.8	12.5
③ 보통이다	91	22.4	22.4	34.9
④	159	39.1	39.1	74.0
⑤ 매우 많다	106	26.0	26.0	100.0
합 계	407	100.0		

11. 귀하는 장애로 인하여 사회로부터 얼마나 차별을 받았습니까?

사회적 차별 경험	빈도(명)	비율(%)	유효비율(%)	누적비율(%)
① 전혀 없다	11	2.7	2.7	2.7
②	55	13.5	13.5	16.2
③ 보통이다	162	39.8	39.8	56.0
④	123	30.2	30.2	86.2
⑤ 매우 많다	56	13.8	13.8	100.0
합 계	407	100.0		

12. 귀하는 장애인들의 취업을 위한 제도(직업재활제도, 직업알선 제도, 장애인의무고용제도 등)가 얼마나 갖추어져 있다고 보십니까?

직업훈련기관과 알선제도	빈도(명)	비율(%)	유효비율(%)	누적비율(%)
① 매우 훌륭하다	6	1.5	1.5	1.5
②	72	17.7	17.7	19.2
③ 보통이다	213	52.3	52.3	71.5
④	102	25.1	25.1	96.6
⑤ 매우 미비하다	14	3.4	3.4	100.0
합 계	407	100.0		

13. 귀하의 지역사회의 전통과 관습이 장애인들에게 우호적이라고
    보십니까?

전통과 관습의 호의성	빈도(명)	비율(%)	유효비율(%)	누적비율(%)
① 매우 우호적이다	12	2.9	2.9	2.9
②	57	14.0	14.0	17.0
③ 보통이다	160	39.3	39.3	56.3
④	155	38.1	38.1	94.3
⑤ 매우 비우호적이다	23	5.7	5.7	100.0
합 계	407	100.0		

14. 귀하는 현재 취업에 필요한 자격증이나 기술을 갖고 계십니까?

자격증과 기술	빈도(명)	비율(%)	유효비율(%)	누적비율(%)
① 전혀 없다	229	56.3	56.3	56.3
② 1개	108	26.5	26.5	82.8
③ 2개	54	13.3	13.3	96.1
④ 3개	10	2.5	2.5	98.5
⑤ 4개 이상	6	1.5	1.5	100.0
합 계	407	100.0		

15. 귀하는 직장생활을 하거나 한 경험이 있으십니까?

직장경력	빈도(명)	비율(%)	유효비율(%)	누적비율(%)
① 전혀 없음	157	38.6	38.6	38.6
② 1-50개월	99	24.3	24.3	62.9
③ 51-100개월	61	15.0	15.0	77.9
④ 101-150개월	34	8.4	8.4	86.2
⑤ 151개월 이상	56	13.8	13.8	100.0
합 계	407	100.0		

16. 귀하는 취업알선기관을 이용해 보셨습니까? (채용박람회 포함)

취업알선기관 이용	빈도(명)	비율(%)	유효비율(%)	누적비율(%)
① 예	133	32.7	32.7	32.7
② 아니오	274	67.3	67.3	100.0
합 계	407	100.0		

17. 귀하는 현재 직장생활을 하고 계십니까?

취 업	빈도(명)	비율(%)	유효비율(%)	누적비율(%)
① 예	131	32.2	32.2	32.2
② 아니오	276	67.8	67.8	100.0
합 계	407	100.0		

◎ 귀하가 직장생활을 하고 계신다면, 아래 문항에 답변하시오.

17-1. 어떤 회사에 다니고 계십니까?

취업직종	빈도(명)	비율(%)	유효비율(%)	누적비율(%)
① 자영업	33	8.1	25.0	25.0
② 정부 및 정부관련기관	14	3.4	10.6	35.6
③ 일반사업체	45	11.1	34.1	69.7
④ 장애인관련단체나 기관	31	7.6	23.5	93.2
⑤ 장애인정용기업	1	0.2	0.8	93.9
⑥ 기타	8	2.0	6.1	100.0
계	132	32.4	100.0	
Missing	275	67.6		
합 계	407	100.0		

17-2. 귀하는 현재 어떤 일에 종사하시고 계십니까?

현재의 직종	빈도(명)	비율(%)	유효비율(%)	누적비율(%)
① 입법공무원, 고위임직원	4	1.0	3.1	3.1
② 전문가	14	3.4	10.8	13.8
③ 기술공 및 준전문가	14	3.4	10.8	24.6
④ 사무직원	36	8.8	27.7	52.3
⑤ 농업, 어업숙련근로자	2	0.5	1.5	53.8
⑥ 기능공, 관련기능근로자	33	8.1	25.4	79.2
⑦ 장치, 기계조작원	2	0.5	1.5	80.8
⑧ 단순 노무직근로자	13	3.2	10.0	90.8
⑨ 주부	1	0.2	0.8	91.5
⑩ 기타	11	2.7	8.5	100.0
계	130	31.9	100.0	
Missing	277	68.1		
합 계	407	100.0		

17-3. 귀하는 현재 어떤 위치에서 일하고 있습니까?

직장에서의 지위	빈도(명)	비율(%)	유효비율(%)	누적비율(%)
① 자영업자	35	8.6	26.5	26.5
② 고용주	5	1.2	3.8	30.3
③ 전일제 상용근로자	65	16.0	49.2	79.5
④ 시간제 상용근로자	11	2.7	8.3	87.9
⑤ 임시근로자	8	2.0	6.1	93.9
⑥ 일용근로자	1	0.2	0.8	94.7
⑦ 무급가족봉사자	5	1.2	3.8	98.5
⑧ 기타	2	0.5	1.5	100.0
계	132	23.4	100.0	
Missing	275	67.6		
합 계	407	100.0		

17-4. 현대 다니고 계신 회사의 종업원규모는 어느 정도 입니까?

종업원 규모	빈도(명)	비율(%)	유효비율(%)	누적비율(%)
① 5명 이하	44	10.8	33.3	33.3
② 6-9명	15	3.7	11.4	44.7
③ 10-49명	44	10.8	33.3	78.0
④ 50-99명	5	1.2	3.8	81.8
⑤ 100-199명	6	1.5	4.5	86.4
⑥ 200-299명	9	2.2	6.8	93.2
⑦ 300-499명	3	0.7	2.3	95.5
⑧ 500명 이상	6	1.5	4.5	100.0
계	132	32.5	100.0	
Missing	275	67.6		
합 계	407	100.0		

17-5. 귀하는 현재까지 지금의 직업에 종사한 전체기간은 얼마나 됩니까?

현 직업 종사기간	빈도(명)	비율(%)	유효비율(%)	누적비율(%)
① 10시간 이하	3	0.7	2.3	2.3
② 11-20시간	8	2.0	6.2	8.5
③ 21-30시간	7	1.7	5.4	13.8
④ 31-40시간	15	3.7	11.5	25.4
⑤ 41-50시간	64	15.7	49.2	74.6
⑥ 51-60시간	25	6.1	19.2	93.8
⑦ 61시간 이상	8	2.0	6.2	100.0
계	130	31.9	100.0	
Missing	277	68.1		
합 계	407	100.0		

17-6. 현재 하고 계신 일은 언제부터 하셨습니까?

	빈도(명)	비율(%)	유효비율(%)	누적비율(%)
① 장애발생 이전	18	4.4	14.5	14.5
② 장애발생 이후	102	25.1	82.3	96.8
③ 잘 모르겠다	4	1.0	3.2	100.0
계	124	30.5	100.0	
Missing	283	69.5		
합 계	407	100.0		

17-7. 한 달 평균 며칠 근무하십니까?

	빈도(명)	비율(%)	유효비율(%)	누적비율(%)
① 5일 이하	1	0.2	0.8	0.8
② 6-10일	3	0.7	2.3	3.1
③ 11-15일	2	0.5	1.6	4.7
④ 16-20일	14	3.4	10.9	15.5
⑤ 21-25일	68	16.7	52.7	68.2
⑥ 26일 이상	41	10.1	31.8	100.0
계	129	31.7	100.0	
Missing	278	68.3		
합 계	407	100.0		

17-8. 현재의 일을 통한 월평균 수입은 얼마나 됩니까?

월평균소득	빈도(명)	비율(%)	유효비율(%)	누적비율(%)
① 50만 원 이하	16	3.9	12.6	12.6
② 51-80만 원	39	9.6	30.7	43.3
③ 81-120만 원	31	7.6	24.4	67.7
④ 121-160만 원	18	4.4	14.2	81.9
⑤ 161-200만 원	10	2.5	7.9	89.8
⑥ 201-240만 원	1	0.2	0.8	90.6
⑦ 241만 원 이상	12	2.9	9.4	100.0
계	127	31.2	100.0	
Missing	280	68.8		
합 계	407	100.0		

17-9. 귀하는 현재의 임금(소득)에 어느 정도 만족하십니까?

임금만족도	빈도(명)	비율(%)	유효비율(%)	누적비율(%)
① 매우 불만족스럽다	8	2.0	6.2	6.2
②	28	6.9	21.5	27.7
③ 보통이다	57	14.0	43.8	71.5
④	28	6.9	21.5	93.1
⑤ 매우 만족한다	9	2.2	6.9	100.0
계	130	31.9	100.0	
Missing	277	68.1		
합 계	407	100.0		

17-10. 현재의 직업에 대해 어느 정도 만족하십니까?

직무만족도	빈도(명)	비율(%)	유효비율(%)	누적비율(%)
① 매우 불만족스럽다	10	2.5	7.7	7.7
②	13	3.2	10.0	17.7
③ 보통이다	39	9.6	30.0	47.7
④	45	11.1	34.6	82.3
⑤ 매우 만족한다	23	5.7	17.7	100.0
계	130	31.9	100.0	
Missing	277	68.1		
합 계	407	100.0		

18. 귀하는 직업훈련을 받고 있거나 받은 경험이 있습니까?

직업훈련 이수	빈도(명)	비율(%)	유효비율(%)	누적비율(%)
① 직업훈련을 안받았다	289	71.0	72.4	72.4
② 직업훈련을 받았다	63	15.5	15.8	88.2
③ 직업훈련 중이다	47	11.5	11.8	100.0
계	399	98.0	100.0	
Missing	8	2.0		
합 계	407	100.0		

◎ 귀하가 직업훈련을 받았다면, 아래의 문항에 답하시오.

18-1. 직업훈련을 받은 시기는 장애가 나타나기 이전입니까, 이후
입니까?

직업훈련 시기	빈도(명)	비율(%)	유효비율(%)	누적비율(%)
① 장애발생 이전	5	1.2	4.7	4.7
② 장애발생 이후	101	24.8	94.4	99.1
③ 잘 모르겠다	1	0.2	0.9	100.0
계	107	26.3	100.0	
Missing	300	73.7		
합 계	407	100.0		

18-2. 직업훈련을 받은 기간은 모두 합하여 얼마나 됩니까?

직업훈련 기간	빈도(명)	비율(%)	유효비율(%)	누적비율(%)
① 없음	239	58.7	58.7	58.7
② 1-5개월	36	8.8	8.8	67.6
③ 6-10개월	64	15.7	15.7	83.3
④ 11-15개월	43	10.6	10.6	93.9
⑤ 16개월 이상	25	6.1	6.1	100.0
합 계	407	100.0		

18-3. 현재 받고 있거나 또는 받은 적이 있는 직업훈련은 무엇입니까?

직업훈련 직종	빈도(명)	비율(%)	유효비율(%)	누적비율(%)
① 컴퓨터	32	7.9	34.4	34.4
② 전화교환	2	0.5	2.2	36.6
③ 산업디자인	7	1.7	7.5	44.1
④ 도장	3	0.7	3.2	47.3
⑤ 금은보석가공	11	2.7	11.8	59.1
⑥ 자개칠보	1	0.2	1.1	60.2
⑦ 공예	1	0.2	1.1	61.3
⑧ 인쇄사진식자청타	5	1.2	5.4	66.7
⑨ 의상(봉제)	7	1.7	7.5	74.2
⑩ 건축도장건축목공	2	0.5	2.2	76.3
⑪ 전기전자기기수리	6	1.5	6.5	82.8
⑫ 금속주조(선반밀링)	1	0.2	1.1	83.9
⑬ 기계기공	2	0.5	2.2	86.0
⑭ 배관	3	0.7	3.2	89.2
⑮ 중장비운전	1	0.2	1.1	90.3
⑯ 이미용요리	1	0.2	1.1	91.4
⑰ 기타	8	2.0	8.6	100.0
계	93	22.9	100.0	
Missing	314	77.1		
합 계	407	100.0		

18-4. 직업훈련의 내용과 현재 하고 있는 일이 어느 정도 관련 있다고 생각하십니까?

직업훈련의 현직 관련성	빈도(명)	비율(%)	유효비율(%)	누적비율(%)
① 전혀 없다	11	2.7	28.9	28.9
②	5	1.2	13.2	42.1
③ 보통이다	7	1.7	18.4	60.5
④	8	2.0	21.1	81.6
⑤ 매우 많다	7	1.7	18.4	100.0
계	38	9.3	100.0	
Missing	369	90.7		
합 계	407	100.0		

18-5. 직업훈련이 취업에 얼마나 도움이 되었습니까?

직업훈련의 취업도움	빈도(명)	비율(%)	유효비율(%)	누적비율(%)
① 전혀 없었다	3	0.7	8.1	8.1
②	6	1.5	16.2	24.3
③ 보통이다	6	1.5	16.2	40.5
④	16	3.9	43.2	83.8
⑤ 매우 많았다	6	1.5	16.2	100.0
계	37	9.1	100.0	
Missing	370	90.9		
합 계	407	100.0		

※ 지금부터는 귀하가 취업을 하지 않은 상태라면, 아래의 문항에
답하시오.

19. 귀하는 직장생활을 하신 적이 있으십니까?

연 령	빈도(명)	비율(%)	유효비율(%)	누적비율(%)
① 있다	132	32.4	48.0	48.0
② 없다	143	35.1	52.0	100.0
계	275	67.6	100.0	
Missing	132	32.4		
합 계	407	100.0		

20. 귀하는 취업하기를 원하십니까?

취업 희망	빈도(명)	비율(%)	유효비율(%)	누적비율(%)
① 예	235	57.7	85.5	85.5
② 아니오	26	6.4	9.5	94.9
③ 생각해 본 적이 없다	14	3.4	5.1	100.0
계	275	67.6	100.0	
Missing	132	32.4		
합 계	407	100.0		

◎ 귀하가 취업을 원하신다면, 아래 문항에 답변하시오.

20-1. 취업을 원하신다면, 어떤 업종에 취업하기를 원하십니까?

취업희망 직종	빈도(명)	비율(%)	유효비율(%)	누적비율(%)
① 업종 무관	63	15.5	27.4	27.4
② 금융, 보험업	2	0.5	0.9	28.3
③ 농어업, 수렵업, 임업	3	0.7	1.3	29.6
④부동산, 임대, 사업서비스업	5	1.2	2.2	31.7
⑤ 공공행정, 사회보장행정	10	2.5	4.3	36.1
⑥ 제조업	25	6.1	10.9	47.0
⑦ 교육서비스업	5	1.2	2.2	49.1
⑧ 전기, 가스, 수도사업	7	1.7	3.0	52.2
⑨ 보건 및 사회복지사업	26	6.4	11.3	63.5
⑩ 건설업	2	0.5	0.9	64.3
⑪ 기타 사회, 개인서비스업	33	8.1	14.3	78.7
⑫ 도소매, 소비자용품 수리	3	0.7	1.3	80.0
⑬ 가사서비스업	8	2.0	3.5	83.5
⑭ 숙박 및 음식점업	9	2.2	3.9	87.4
⑮ 운수, 창고, 통신업	4	1.0	1.7	89.1
⑯ 기타	25	6.1	10.9	100.0
계	230	56.5	100.0	
Missing	177	43.5		
합 계	407	100.0		

20-2. 취업을 희망하신다면, 어떤 형태로 일하고 싶으십니까?

취업희망직종	빈도(명)	비율(%)	유효비율(%)	누적비율(%)
① 자영업	61	15.0	26.3	26.3
② 고용주	12	2.9	5.2	31.5
③ 전일제 상용고용	76	18.7	32.8	63.2
④ 시간제 상용고용	23	5.7	9.9	74.1
⑤ 임시고용	2	0.5	0.9	75.0
⑥ 일일고용	6	1.5	2.6	77.6
⑦ 가족봉사자	12	2.9	5.2	82.8
⑧ 형태무관	40	9.8	17.2	100.0
계	232	57.0	100.0	
Missing	175	43.0		
합 계	407	100.0		

21. 귀하는 직업훈련 받기를 희망하십니까?

직업훈련 희망	빈도(명)	비율(%)	유효비율(%)	누적비율(%)
① 예	193	47.4	69.7	69.7
② 아니오	84	20.6	30.3	100.0
계	277	68.1	100.0	
Missing	130	31.9		
합 계	407	100.0		

◎ 귀하가 직업훈련 받기를 희망하신다면, 아래의 문항에 답하시오.
21-1. 직업훈련을 받으신다면, 어떤 직업훈련을 받고 싶습니까?

직업훈련 직종	빈도(명)	비율(%)	유효비율(%)	누적비율(%)
① 컴퓨터	99	41.1	41.1	41.1
② 전화교환	7	2.9	2.9	44.0
③ 산업디자인	20	8.4	8.4	52.4
④ 도장	5	2.1	2.1	54.5
⑤ 금은보석가공	9	3.7	3.7	58.2
⑥ 공예	5	2.1	2.1	60.3
⑦ 인쇄사진식자청타	8	3.3	3.3	63.6
⑧ 제화	1	0.4	0.4	64.0
⑨ 제과제빵	17	7.1	7.1	71.1
⑩ 편물	1	0.4	0.4	71.5
⑪ 피아노 조율	2	0.8	0.8	72.3
⑫ 의상(봉제)	17	7.1	7.1	79.4
⑬ 자수	6	2.5	2.5	81.9
⑭ 건축도장건축목공	4	1.7	1.7	83.6
⑮ 전기전자기기수리	6	2.5	2.5	86.1
⑯ 금속주조(선반밀링)	2	0.8	0.8	86.9
⑰ 기계기공	3	1.2	1.2	88.1
⑱ 자동차정비	4	1.7	1.7	89.8
⑲ 배관	2	0.8	0.8	90.6
⑳ 가구제작	1	0.4	0.4	91.0
21 중장비운전	3	1.2	1.2	92.2
22 이미용요리	9	3.7	3.7	95.9
23 도배	1	0.4	0.4	96.3
24 기타	9	3.7	3.7	100.0
합 계	241	100.0	100.0	

22. 현재 일을 안 하고 계신 주된 이유는?(복수응답)

취업희망 직종	빈도(명)	비율(%)	유효비율(%)	누적비율(%)
① 장애가 심해서	106	30.7	30.7	30.7
② 장애 외 다른 질병 때문	11	3.2	3.2	33.9
③ 기술이나 능력이 없어서	67	19.4	19.4	53.3
④ 나이 때문에(고령, 은퇴)	12	3.5	3.5	56.8
⑤ 적합한 직종이 없어서	40	11.6	11.6	68.4
⑥ 고용주가 기피하기 때문	38	11.1	11.1	79.5
⑦ 사회생활이 자신 없어서	9	2.6	2.6	82.1
⑧ 통근이 어려워서	5	1.4	1.4	83.5
⑨ 일하고 싶지 않아서	7	2.0	2.0	85.5
⑩ 취업할 필요가 없어서	2	0.6	0.6	86.1
⑪ 직장차별, 남 시선 때문	19	5.5	5.5	91.6
⑫ 가족의 반대로	2	0.6	0.6	92.2
⑬ 결혼준비 중이어서	1	0.3	0.3	92.5
⑭ 진학준비 중이어서	15	4.3	4.3	96.8
⑮ 기타	11	3.2	3.2	100.0
합 계	345	100.0	100.0	

· 저자 ·

· 전리상 ·   **· 약 력 ·**

광주대학교 행정학과 졸업(행정학사)
전남대학교 행정대학원 졸업(행정학석사)
전남대학교 대학원 행정학과 졸업(행정학박사)
호남대학교, 조선대학교, 송원대학, 동강대학, 동신대학교, 광주대학교 출강
광주광역시광산구장애인협회 감사
계간 「광산사회복지」 편집인
광주보건대학 사회복지과 겸임교수

· 주요논저 ·

「노인의 여가활용 방안」
「지역사회복지정책의 개선방안에 관한 연구」
「장애인고용정책의 개선방안에 관한 연구」
「공공부문의 팀제 도입방안에 관한 고찰」
「장애인고용 이론에 관한 고찰」
「인적 자본 이론에 입각한 장애인의 소득 결정 요인에 관한 실증적 연구」
「장애인의 교육훈련과 취업의 욕구에 관한 연구」
「장애인들의 취업결정요인에 관한 실증적 분석」
「장애인의 고용결정요인에 관한 연구 : 성차를 중심으로」
「정신지체장애학생의 통합교육에 대한 일반교사의 태도연구」
외 다수

장애인 취업의 결정요인

· 초판 인쇄	2006년 1월 13일
· 초판 발행	2006년 1월 13일
· 지 은 이	전리상
· 펴 낸 이	채종준
· 펴 낸 곳	한국학술정보㈜
	경기도 파주시 교하읍 문발리 526-2
	파주출판문화정보산업단지
	전화 031) 908-3181(대표) · 팩스 031) 908-3189
	홈페이지 http://www.kstudy.com
	e-mail(e-Book사업부) ebook@kstudy.com
· 등 록	제일산-115호(2000. 6. 19)
· 가 격	24,000원

ISBN   89-534-4474-8 93330 (Paper Book)
        89-534-4475-6 98330 (e-Book)